메가스터디
중학국어
비문학
독해 연습

구성과 특징

+ 이 교재는 영역별, 난이도별 엄선된 42개 비문학 제재를 체계적으로 연습할 수 있는 기본서입니다.

+ 이 교재는 중학생이 알아야 할 2015 개정 교육과정의 국어 읽기 영역 성취 기준에 기반한 독해 스킬을 문제를 통해 파악할 수 있는 기본서입니다.

+ 이 교재는 중학생들이 한 번에 학습하기 적절한 분량인 두 개의 지문(제재)으로 하나의 STUDY를 구성하여 비문학 독해에서의 효율적 학습 시스템을 적용한 기본서입니다.

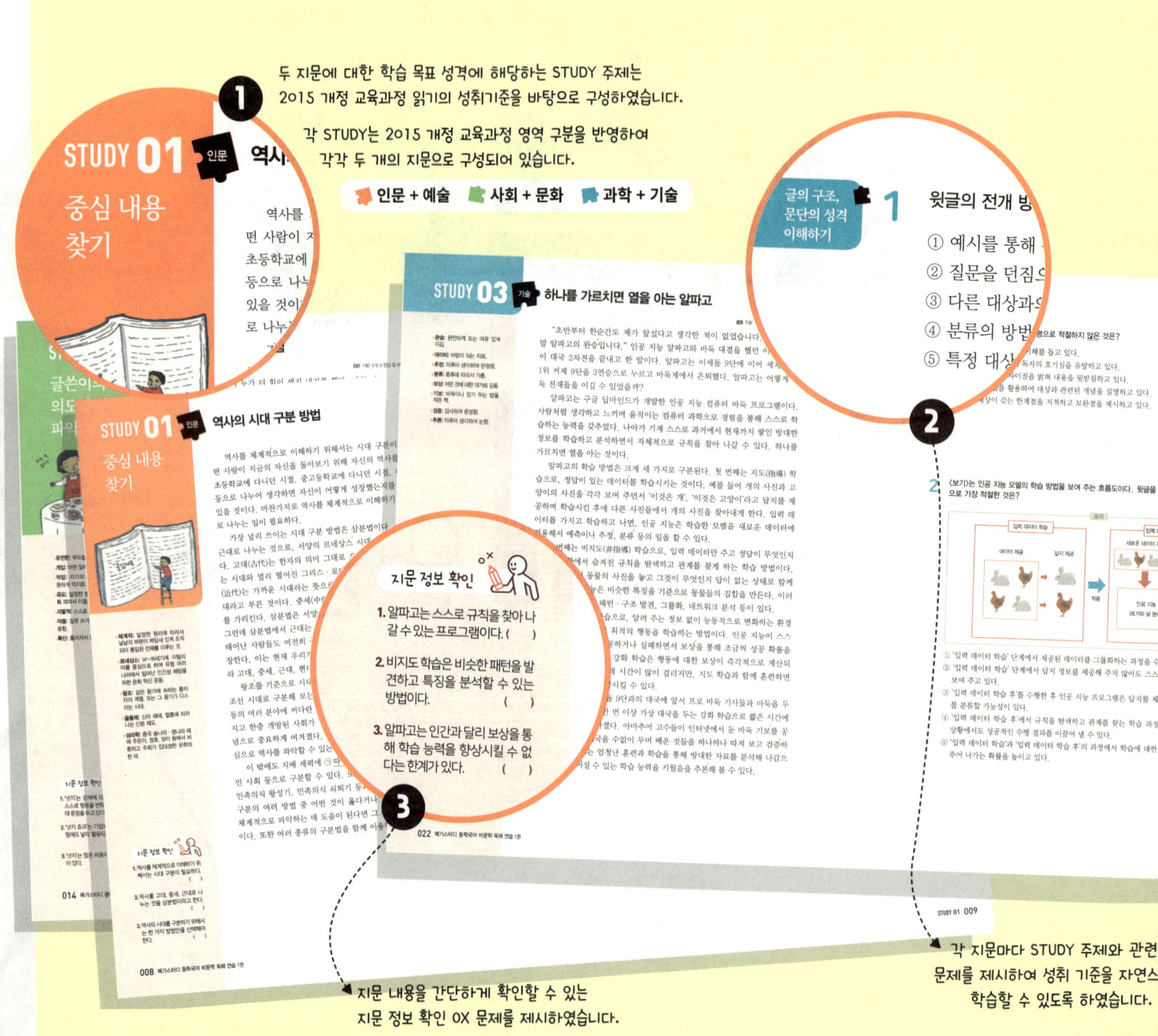

4 STUDY의 두 지문에 제시된 핵심 어휘를 이해했는지 확인할 수 있는 어휘 확인 문제를 제시하였습니다.

5 다양한 어휘를 학습하여 어휘력을 기를 수 있도록 어휘 특강을 수록하였습니다.

STUDY 01 어휘 확인

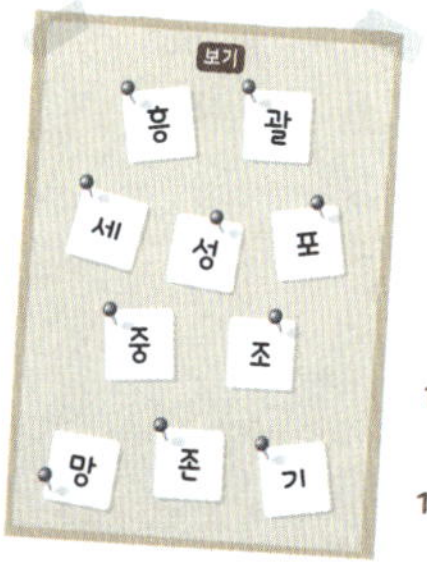

[1~5] 어휘의 뜻풀이와 어휘 ㉠
[6~10] 예문의 (   ) 안에

바르게 연결하시오.
갈 어휘 ㉠~㉤을 바르게 연결하시오.

뜻풀이

뜻풀이	어휘	예문
1 관청이나 정부 기관에 속하지 않음.	㉠ 체계적	6 그 작품은 한국인의 ( )과 감정을 담고 있다.
2 일정한 원리에 따라서 낱낱의 부분이 짜임새 있게 조직되어 통일된 전체를 이루는 것.	㉡ 역사	7 그 별명은 내 동생을 ( ) 한다.
3 인류 사회의 변천과 흥망의 과정. 또는 그 기록.	㉢ 사상	8 ( ) 자본.
4 어떠한 사물에 대하여 가지고 있는 구체적인 사고나 생각.	㉣ 민간	9 자료를 수집하여 ( )으로 정리했다.
5 어떤 대상을 가리켜 이르는 일.	㉤ 지칭	10 우리나라는 반만년의 ( )를 가지고 있다.

[11~15] 보기 의 글자들을 조합하여 다음 뜻풀이에 해당하는 단어를 만드시오.

보기

흥	갈
세	성	포
중	조
망	존	기

11 역사의 시대 구분의 하나로. 고대에 이어 근대에 선행(先行)하는 시기. →

12 잘되어 일어남과 못되어 없어짐. →

13 무엇을 만들어서 이용. →

14 이미 존재함. →

15 일정한 대상이나 현상 따위를 어떤 범위나 한계 안에 모두 끌어넣음. →

어휘 특강

치다¹ 타동사

❶ (사람이 어떤 물건을 어떤 곳에   ) 어떤 곳에) 때리거나 두드리다.
예 나는 벽에 못을 쳐서 ...를 쳐서 박은 다음 그림을 걸었다.

❷ (사람이 악기나 손바닥 따위를) 소리를 내기 위해 두드리거나 연주하다.

치다

소리는 같지만 뜻이 다른 단어를 동음이의어(同音異義語)라고 한다.

동음이의어

치다² 타동사

❶ (사람이 그물 따위를) 펴서 벌여 놓거나 늘어뜨리다.
예 그는 냇가에 그물을 쳐 놓고 고기가 걸리기를 기다렸다.

다의어

❷ (사람이 벽이나 담을) 만들거나 쌓다.
예 울타리를 치다.

두 가지 이상의 뜻을 가진 단어를 다의어(多義語)라고 한다.

독해 방법 Q&A

❝ 선생님, 글의   맞아야 하나요? ❞

글쓴이는 자신이 말하고자 하는 바를 독자에게   위해서 예를 들어 설명하거나, 근거를 들기도 한다. 이처럼 글에   가장 중심이 되는 내용과 이것을 뒷받침하는 내용들이 있어. 따라서   가 무엇에 대해서 이야기해 주   있는지 중심 화제를 먼저 찾아   뒷받침 문장을 구분   낼 수 있단다.

글에서 다루고 있는 중심 화제 찾기
각 문단에서 중심 문장과 뒷받침 문장 구분하기
중심 문장들을 연결해서 글의 중심 내용 파악하기

학습 점검표

STUDY 01 의 지문과 문제를 STUDY 01 의 지문과 문제를 잘 학습했는지 체크한 후, 부족한 부분이 있다면 앞으로 돌아가서 다시 살펴보자~!

지문/문제		나의 체크				보완할 부분
역사의 시대 구분 방법		○ 1회독 ○ 2회독 이상		○ 내용 ○ 지문 구조 ○ 어휘		
	1	○ 맞힘 ○ 틀림		○ 내용 ○ 개념&유형 ○ 어휘		
	2	○ 맞힘 ○ 틀림		○ 내용 ○ 개념&유형 ○ 어휘		
	3	○ 맞힘 ○ 틀림		○ 내용 ○ 개념&유형 ○ 어휘		
공공 미술이란 무엇인가		○ 1회독 ○ 2회독 이상		○ 내용 ○ 지문 구조 ○ 어휘		
	1	○ 맞힘 ○ 틀림		○ 내용 ○ 개념&유형 ○ 어휘		
	2	○ 맞힘 ○ 틀림		○ 내용 ○ 개념&유형 ○ 어휘		

7 학습 점검표에서 체크 리스트를 통해 자기 주도 학습이 가능하도록 하였습니다.

6 STUDY명과 관련된 핵심 개념을 질문과 대답 형태로 이해할 수 있도록 독해 방법 Q&A를 제시하였습니다.

시ㅡ작!

역사의 시대 구분 방법

중심 내용 찾기

지문 구조&정답 및 해설 004쪽

　역사를 체계적으로 이해하기 위해서는 시대 구분이 반드시 필요하다. 어떤 사람이 지금의 자신을 돌아보기 위해 자신의 역사를 떠올린다고 해 보자. 초등학교에 다니던 시절, 중고등학교에 다니던 시절, 대학교 시절과 졸업 후 등으로 나누어 생각하면 자신이 어떻게 성장했는지를 체계적으로 이해할 수 있을 것이다. 마찬가지로 역사를 체계적으로 이해하기 위해서는 몇 개의 시대로 나누는 일이 필요하다.

　가장 널리 쓰이는 시대 구분 방법은 삼분법이다. 이는 역사를 고대, 중세, 근대로 나누는 것으로, 서양의 르네상스 시대 학자들이 처음 생각해 낸 것이다. 고대(古代)는 한자의 의미 그대로 오래된 시대라는 뜻으로, 자신들이 사는 시대와 멀리 떨어진 그리스 · 로마 시대를 고대라고 생각한 것이다. 근대(近代)는 가까운 시대라는 뜻으로, 자신들이 사는 시대와 가까운 시대를 근대라고 부른 것이다. 중세(中世)는 고대와 근대의 가운데에 끼어 있는 시기를 가리킨다. 삼분법은 서양에서 처음 시작했지만 그 뒤 널리 받아들여졌다. 그런데 삼분법에서 근대는 계속 길어질 수밖에 없다. 근대 이후 몇백 년 뒤에 태어난 사람들도 여전히 근대에 살게 되었으므로, 현대(現代)라는 용어가 등장한다. 이는 현재 우리가 사는 시대와 아주 가까운 시대를 뜻한다. 이에 따라 고대, 중세, 근대, 현대의 사분법이 나오게 되었다.

　왕조를 기준으로 시대를 나누어 이해할 수도 있다. 삼국 시대, 고려 시대, 조선 시대로 구분해 보는 방법이다. 왕조가 바뀌면 정치 · 경제 · 사회 · 사상 등의 여러 분야에 커다란 변화가 일어난다. 고려가 건국되면서 골품제가 무너지고 한층 개방된 사회가 열렸으며, 조선이 건국된 뒤에는 성리학이 국가 이념으로 중요하게 여겨졌다. 왕조에 따른 여러 특징 때문에 왕조의 변화를 중심으로 역사를 파악할 수 있는 것이다.

　이 밖에도 지배 세력에 ㉠따라서 시대를 나누면 귀족 사회, 양반 사회, 시민 사회 등으로 구분할 수 있다. 또한 민족의 흥망을 기준으로 민족 형성기, 민족의식 왕성기, 민족의식 쇠퇴기 등과 같이 시대를 구분할 수도 있다. 시대 구분의 여러 방법 중 어떤 것이 옳다거나 그르다고는 할 수는 없다. 역사를 체계적으로 파악하는 데 도움이 된다면 그 구분법은 우리에게 쓸모가 있는 것이다. 또한 여러 종류의 구분법을 함께 이용할 수도 있다.

*체계적: 일정한 원리에 따라서 낱낱의 부분이 짜임새 있게 조직되어 통일된 전체를 이루는 것.

*르네상스: 14~16세기에, 이탈리아를 중심으로 하여 유럽 여러 나라에서 일어난 인간성 해방을 위한 문화 혁신 운동.

*왕조: 같은 왕가에 속하는 통치자의 계열. 또는 그 왕가가 다스리는 시대.

*골품제: 신라 때에, 혈통에 따라 나눈 신분 제도.

*성리학: 중국 송나라 · 명나라 때에 주돈이, 정호, 정이 등에서 비롯하고 주희가 집대성한 유학의 한 파.

지문 정보 확인

1. 역사를 체계적으로 이해하기 위해서는 시대 구분이 필요하다.
　　　　　　　　(　)

2. 역사를 고대, 중세, 근대로 나누는 것을 삼분법이라고 한다.
　　　　　　　　(　)

3. 역사의 시대를 구분하기 위해서는 한 가지 방법만을 선택해야 한다.
　　　　　　　　(　)

1 윗글의 내용과 일치하지 <u>않는</u> 것은?

① 삼분법은 르네상스 시대의 학자들이 처음 생각해 낸 것이다.
② 사분법이 등장하게 된 이유는 근대가 너무 길어졌기 때문이다.
③ 왕조가 바뀌면 정치나 사회 등의 분야에 큰 변화가 생기게 된다.
④ 역사를 몇 개의 시대로 나누는 방법에는 여러 가지가 있을 수 있다.
⑤ 올바른 시대 구분 방법을 선택해야 역사를 체계적으로 이해할 수 있다.

2 윗글에 제목과 부제를 붙인 것으로 가장 적절한 것은?

① 나를 이해하는 방법
   – 역사를 이해하는 방법과 동일하게
② 역사의 시대 구분 방법의 변화 과정
   – 삼분법에서 사분법으로
③ 시대 구분의 다양한 방법
   – 역사를 체계적으로 이해하기 위해서
④ 시대를 나누는 가장 좋은 방법
   – 왕조와 지배 세력을 중심으로
⑤ 왕조의 변화가 역사에 미치는 영향
   – 정치와 경제, 사회, 사상의 변화

3 밑줄 친 단어 중 ㉠과 의미가 가장 비슷한 것은?

① 우리 집 강아지는 아버지를 유난히 <u>따른다</u>.
② 개발에 <u>따른</u> 공해 문제를 꼭 해결해야 한다.
③ 아무도 어머니의 음식 솜씨를 <u>따를</u> 수 없다.
④ 법에 <u>따라</u> 일을 처리하는 것이 가장 공정하다.
⑤ 우리는 선생님이 보여 주는 동작을 그대로 <u>따라서</u> 했다.

공공 미술이란 무엇인가

지문 구조&정답 및 해설 006쪽

공공 미술이란 말 그대로 '미술'과 '공공적인 가치'의 만남이다. 도심 속에서 흔히 볼 수 있는 공공 미술은 크게 두 가지로 분류된다. 하나는 우리나라의 건축물 미술 장식 제도와 같이 공공 미술을 제작하는 데 필요한 자금을 법에 따라 마련하는 것이다. 다른 하나는 정부나 지방 자치 단체의 지원 사업으로 공공 미술을 조성하는 것인데, 기존의 건축물 미술 장식 제도가 보여 주지 못했던 공공 미술의 새로운 효용을 보여 주고 있다.

공공 미술은 그 필요성이 높아지고 효용성이 입증됨에 따라 조금씩 그 개념의 영역이 넓어지고 있다. 요즘에는 간판이나 아이들 놀이터의 놀이 기구, 심지어는 공연, 교육 프로그램 등의 문화 프로그램까지 공공 미술의 영역에 포함된다. 그래서 이러한 시민들의 문화적인 삶의 질 향상에 기여하는 다양한 활동을 포함시키기 위해서 공공 예술이라는 포괄적인 용어를 사용하자는 주장을 하기도 한다.

공공 미술은 사전적으로는 미술관 안에 전시되었던 미술 작품들이 일반 대중을 위해 도시의 광장이나 공원과 같이 공개된 장소에 설치되는 것을 지칭하며, 공공 미술의 장소 자체를 위한 디자인 등을 포함하는 것이라 할 수 있다. 공공 미술이 설치되는 장소는 대부분 광장이나 공원 같은 도시 주거 지역이며, 작품 장르는 조각, 벽화, 도로 포장 디자인, 버스 정류장, 지하철, 도로 정보 디자인 등 다양하다.

사실 1960년대 말에서 1980년대에 이르기까지 공공 미술은 '공공장소'라는 의미를 강조해 왔으며, 1990년대에 들어서면서 장소 그 자체보다는 그 장소에서 이루어지는 소통에 주목하게 되었다. 그러므로 미술관이나 갤러리에서 벗어나 도시와 지역의 공공장소나 공간에서 이루어지는 새로운 유형의 다양한 미술 활동들, 예를 들어 미술가들이 낙후된 도시 지역이나 시골 마을에서 주민들과 함께 담장에 벽화를 그려 넣고 간판을 바꾸며, 지역의 문화와 역사적 기억들을 되살려 내는 시도를 하거나, 건축가와 디자이너들과 함께 도심에 소공원, 분수, 의자와 같은 편의 시설을 설치하는 등의 작업들 모두가 공공 미술로 불리고 있는 것이다.

즉 초기의 공공 미술이 공공의 개념을 장소에만 관련시켜 작품을 만들고 그것을 바라보는 수용자인 대중의 취향을 반영하지 못하였다면, 요즘의 공공 미술은 장소를 물리적 장소로 보지 않고 사회적, 문화적, 정치적 소통의 공간으로 본다. 또한 장소에 맞는 작품으로 지역 공동체와 관람객의 참여, 일시적 작업 등을 제안하기도 한다. 현재 국가 또는 민간 주도로 이루어지고 있는, 대중의 참여와 관심을 불러일으키는 다양한 예술 프로젝트 등이 그러한 것들이다.

***공공:** 국가나 사회의 구성원에게 두루 관계되는 것.

***효용:** 보람 있게 쓰거나 쓰임. 또는 그런 보람이나 쓸모.

***입증:** 어떤 증거 따위를 내세워 증명함.

***개념:** 어떤 사물이나 현상에 대한 일반적인 지식.

***포괄적:** 일정한 대상이나 현상 따위를 어떤 범위나 한계 안에 모두 끌어넣는 것.

***사전적:** 사전에서 하는 것과 같은 방식의. 또는 그런 것.

***낙후:** 기술이나 문화, 생활 따위의 수준이 일정한 기준에 미치지 못하고 뒤떨어짐.

지문 정보 확인

1. 공공 미술은 반드시 공공 기관이 제작하는 것을 말한다. ( )

2. 미술관 안에 전시되었던 미술 작품이 공개된 장소에 설치되는 것도 공공 미술이라 부를 수 있다. ( )

3. 공공 미술이라는 개념은 1980년대에 들어서면서 생겨났다. ( )

1 윗글의 핵심 내용으로 가장 적절한 것은?

① 공공 미술의 개념과 성격
② 공공 미술의 필요성과 가치
③ 시기별 공공 미술의 주요 특성
④ 공공 미술에 대한 대중의 인식
⑤ 공공 미술과 공공 예술의 차이점

2 윗글을 바탕으로 〈보기〉의 활동을 이해한 내용으로 적절하지 <u>않은</u> 것은?

보기

　○○군은 지난 25일부터 양일간 △△ 마을에서 지역 내 청소년 60명과 함께 아름다운 ○○를 가꾸기 위해 벽화 그리기 활동을 펼쳤다. '청소년 우리 지역 가꾸기 사업'으로 실시된 이날 활동은 청소년들에게 지역 사회에 대한 자발적인 관심을 이끌어 내고, 친구들과 서로 협동하는 작업을 통해 공동체 의식 함양에 도움을 주는 뜻깊은 시간이 되었다.
　활동에 참석한 ○○고 학생은 "비록 전문가처럼 멋지게 그리진 못했지만 노력과 마음이 담긴 그림이라 그런지 어떤 그림보다 빛나 보인다."며 "동네 어르신들이 그림을 보고 좋아해 주셨으면 좋겠다."고 소감을 전했다. 담당자인 ○○군 문화 청소년 과장은 "청소년들이 지역 사회의 구성원으로서 참여하며 열정을 쏟은 좋은 결과물이 나온 것 같다."며 "앞으로도 청소년들과 지역 사회에 도움이 되는 다양한 프로그램을 시행하겠다."고 말했다.

① 지역의 공공장소에서 이루어진 공공 미술이다.
② 지역 시민들의 삶의 질 향상에 기여하는 활동이다.
③ 지역 공동체의 구성원이 직접 참여한 형태의 공공 미술이다.
④ △△ 마을의 벽화 공간의 물리적 성격을 중심으로 인식한 활동이다.
⑤ 공공 미술의 효용을 보여 주면서 점차 영역이 확대되고 있는 활동이다.

[1~5] 어휘의 뜻풀이와 어휘 ㉠~㉤을 바르게 연결하시오.

[6~10] 예문의 (　　) 안에 들어갈 어휘 ㉠~㉤을 바르게 연결하시오.

뜻풀이	어휘	예문

뜻풀이

1 관청이나 정부 기관에 속하지 않음.

2 일정한 원리에 따라서 낱낱의 부분이 짜임새 있게 조직되어 통일된 전체를 이루는 것.

3 인류 사회의 변천과 흥망의 과정. 또는 그 기록.

4 어떠한 사물에 대하여 가지고 있는 구체적인 사고나 생각.

5 어떤 대상을 가리켜 이르는 일.

어휘

㉠ 체계적

㉡ 역사

㉢ 사상

㉣ 민간

㉤ 지칭

예문

6 그 작품은 한국인의 (　　)와/과 감정을 담고 있다.

7 그 별명은 내 동생을 (　　) 한다.

8 (　　) 자본.

9 자료를 수집하여 (　　)으로 정리했다.

10 우리나라는 반만년의 (　　)을/를 가지고 있다.

[11~15] 보기의 글자들을 조합하여 다음 뜻풀이에 해당하는 단어를 만드시오.

보기

흥　괄　세　성　포　중　조　망　존　기

11 역사의 시대 구분의 하나로, 고대에 이어 근대에 선행(先行)하는 시기. →

12 잘되어 일어남과 못되어 없어짐. →

13 무엇을 만들어서 이룸. →

14 이미 존재함. →

15 일정한 대상이나 현상 따위를 어떤 범위나 한계 안에 모두 끌어넣음. →

어휘 특강

치다² 동사 ← 동음이의어 → **치다⁵** 동사

치다

다의어

치다²

❶ (사람이 어떤 물건을 어떤 곳에) 때리거나 두드리다.
　예 나는 벽에 못을 <u>쳐서</u> 박은 다음 그림을 걸었다.

❷ (사람이 악기나 손바닥 따위를) 소리를 내기 위해 두드리거나 연주하다.
　예 관중은 훌륭한 경기에 박수를 <u>쳤다</u>.

❸ (사람이 소리를) 힘껏 크게 내다.
　예 산 위에 올라가 고함을 <u>치고</u> 나니 속이 후련하다.

치다⁵

❶ (사람이 그물 따위를) 펴서 벌여 놓거나 늘어뜨리다.
　예 그는 냇가에 그물을 <u>쳐</u> 놓고 고기가 걸리기를 기다렸다.

❷ (사람이 벽이나 담을) 만들거나 쌓다.
　예 울타리를 <u>치다</u>.

다의어

독해 방법 Q&A

> **" 선생님, 글의 중심 내용은 어떻게 찾아야 하나요? "**

글쓴이는 자신이 말하고자 하는 바를 독자에게 효과적으로 전달하기 위해서 예를 들어 설명하거나, 근거를 들기도 한단다. 이처럼 글에는 글쓴이의 생각 중 가장 중심이 되는 내용과 이것을 뒷받침하는 내용들이 있어. 따라서 글을 읽을 때 글쓴이가 무엇에 대해서 이야기하고 있는지 중심 화제를 먼저 찾아보고, 또 각 문단에서 중심 문장과 뒷받침 문장을 구분해 각 중심 문장들을 연결해 보면 글의 중심 내용을 찾아낼 수 있단다.

> 글에서 다루고 있는 중심 화제 찾기
>
> ↓
>
> 각 문단에서 중심 문장과 뒷받침 문장 구분하기
>
> ↓
>
> 중심 문장들을 연결해서 글의 중심 내용 파악하기

학습 점검표

STUDY 01의 지문과 문제를 잘 학습했는지 체크한 후, 부족한 부분이 있다면 앞으로 돌아가서 다시 살펴보자~!

지문/문제	나의 체크				보완할 부분
역사의 시대 구분 방법	○ 1회독　○ 2회독 이상	○ 내용	○ 지문 구조	○ 어휘	
	1　○ 맞힘　○ 틀림	○ 내용	○ 개념&유형	○ 어휘	
	2　○ 맞힘　○ 틀림	○ 내용	○ 개념&유형	○ 어휘	
	3　○ 맞힘　○ 틀림	○ 내용	○ 개념&유형	○ 어휘	
공공 미술이란 무엇인가	○ 1회독　○ 2회독 이상	○ 내용	○ 지문 구조	○ 어휘	
	1　○ 맞힘　○ 틀림	○ 내용	○ 개념&유형	○ 어휘	
	2　○ 맞힘　○ 틀림	○ 내용	○ 개념&유형	○ 어휘	

넛지, 부드러운 설득의 힘

글쓴이의 의도와 관점 파악하기

옛날에 해와 바람이 누가 더 힘이 센지 내기를 했다. 마침 지나가는 나그네를 보고 누가 그의 외투를 벗겨 낼 수 있는지 겨루기로 했다. 바람이 먼저 나섰다. 힘을 다해 세게 불었지만 그럴수록 나그네는 외투를 단단히 여미었다. 이번에는 해가 나섰다. 따뜻한 햇살을 가만히 비추자 나그네는 자연스럽게 외투를 벗었다.

이렇게 자연스럽게 사람의 행동을 변화시키는 이야기와 관련해서 '넛지 효과'라는 이론이 있다. 넛지(nudge)란 '팔꿈치로 살짝 찌르다.'라는 의미를 지닌 말로 '어떤 일을 강요하기보다는 스스로 자연스럽게 행동을 변화하도록 하는 유연한 개입'을 말한다. 다시 말해 팔을 잡아끄는 것처럼 강제와 지시에 의한 억압보다는 팔꿈치로 툭 치는 것과 같은 부드러운 개입으로 자발적인 선택을 유도하여 목적을 달성하는 것인데, 이를 ㉠'넛지 효과'라고 한다.

넛지 효과의 대표적인 예를 들어 보자. 브라질에서는 택시를 타는 승객들이 안전벨트를 착용하지 않는 것이 큰 문제였다. 그래서 유명 자동차 회사와 광고 대행사가 안전벨트 매기 공익 캠페인을 함께 실시했다. 이 캠페인 기간 동안 캠페인 대상이었던 택시를 탄 승객은 4,500명 이상이었는데, 놀랍게도 이들은 모두 자발적으로 안전벨트를 맸다. 택시 안에는 이런 안내문이 걸려 있었다. "안전벨트를 매면 무료로 와이파이가 제공됩니다." 강요나 강제가 아닌 작은 넛지를 통해 자발적으로 안전벨트를 매도록 유도한 것이다. 또 다른 예로 어느 기업이 지하철 역 계단을 피아노 건반처럼 만들었는데, 밟으면 피아노 소리가 나는 이 계단에 많은 사람이 재미를 느꼈고, 계단을 이용하도록 권장하는 특별한 조치가 없었음에도 불구하고 에스컬레이터를 타지 않고 계단을 이용하는 사람들이 66%나 늘었다고 한다. 이 피아노 계단 역시 넛지 효과를 잘 활용한 사례이다.

하지만 넛지 효과가 이처럼 긍정적인 측면만 있는 것은 아니다. 최근 많은 기업이 소비자의 이익은 뒤로 하고 기업만의 이익을 위해 넛지를 이용하는 사례가 등장하고 있기 때문이다. 소비자가 손해를 볼 수 있는 주의 사항이나 표기를 반드시 해야 하지만 꼭 알리고 싶지 않은 약점을 작게 표시하거나, 유료 이용을 무료 이용처럼 보이게 하는 유도 방식 등은 넛지를 악용한 사례이다.

그러나 넛지 효과는 이런 부작용에도 불구하고 사람의 마음을 열고 움직이는 데 큰 힘을 발휘하고 있으며, 따라서 이를 적극 활용하는 움직임이 확산되고 있다. 사람들이 선택을 할 때 부드럽게 원하는 곳으로 이끌어 내는 힘, 넛지는 큰 비용을 들이지 않고 사람들의 자유 의지를 존중하면서도 긍정적인 태도 변화를 이끌어 내는 데 그 의의가 있다.

* **유연한**: 부드럽고 연한.
* **개입**: 어떤 일에 끼어듦.
* **억압**: 자기의 뜻대로 행동하지 못하게 억지로 억누름.
* **유도**: 일정한 방향으로 나아가도록 꾀어서 이끎.
* **자발적**: 스스로 나서서 하는.
* **악용**: 잘못 쓰거나 나쁜 일에 사용함.
* **확산**: 흩어져서 널리 퍼짐.

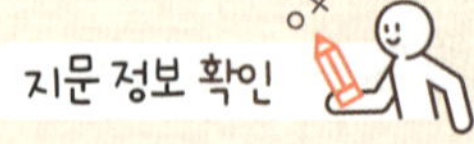

지문 정보 확인

1. '넛지'는 강제에 의해서가 아닌 스스로 행동을 변화하도록 하는 데 중점을 두고 있다. (　　)

2. '넛지 효과'는 기업의 각종 마케팅에도 널리 활용되고 있다. (　　)

3. '넛지'는 많은 비용이 드는 단점이 있다. (　　)

1 윗글의 글쓴이가 설명하고 있는 '넛지 효과'의 의도를 반영한 계획으로 볼 수 <u>없는</u> 것은?

① 쓰레기 무단 투기가 많은 곳에 예쁜 화단을 꾸며서 그곳에 쓰레기 버리는 사람을 줄이도록 해야 겠어.

② 대여한 책의 반납 기간이 지나면 높은 연체료를 내게 해서 도서가 연체되는 것을 방지하도록 해 야겠어.

③ 잘 팔리지 않는 상품에 '2+1', '특가 제품' 등의 광고 문구를 붙여서 해당 상품의 매출을 늘리도 록 해야겠어.

④ 장난감을 넣은 투명 비누를 어린이들에게 나누어 주는 캠페인을 벌여 아이들이 즐겁게 손을 자 주 씻어 감염병을 예방하도록 해야겠어.

⑤ '세금을 내지 않으면 처벌을 받게 됩니다.'라는 안내문보다는 '주민의 90% 이상이 세금을 냈습 니다.'라는 안내문을 보내서 더 많은 사람이 스스로 세금을 내도록 해야겠어.

2 윗글의 ㉠과 〈보기〉의 ㉡을 비교하여 이해한 내용으로 적절하지 <u>않은</u> 것은?

> 보기
>
> 개인의 선택이 사회의 공익이나 개인의 이익에 맞지 않는 경우 정부가 개인이 바람직한 선택을 할 수 있도록 개인의 의사 결정에 강제적 개입을 할 수 있다는 주장을 ㉡'온정적 간섭주의'라고 한다. 정 부가 안전벨트 착용을 의무화하거나 공공장소에서의 흡연을 금지하는 정책 등은 개인의 안전과 건강 을 보호해 주는 측면에서 정당화되는 대표적인 예이다.

① ㉠이 자율적 성격을 지니고 있다면, ㉡은 강제적 성격이 강하다.

② ㉠과 달리 ㉡은 법적 성격을 지니고 있어 의무적으로 해야 하는 것이다.

③ ㉡과 달리 ㉠은 기업의 영리적인 목적에도 활용되고 있다.

④ ㉠과 ㉡ 모두 개인에게 유익한 결과만을 유도하는 효과가 있다.

⑤ ㉠과 ㉡ 모두 외부의 개입에 의해 사람의 행동 변화가 나타난다.

지문 정보 확인

1. 신문고를 치려면 절차가 매우 복잡하였다. (　　)

2. 신문고를 치기만 하면 대부분은 왕이 그 억울함을 해결해 주었다. (　　)

3. 격쟁은 신문고보다 나중에 만들어진 제도이다. (　　)

　㉠신문고는 조선 시대에 왕이 억울한 일을 당한 백성들의 사정을 직접 듣고 그 문제를 해결해 주기 위해 궁궐 밖에 걸어 놓은 북이다. 신문고를 칠 수 있는 경우는 두 가지였는데, 하나는 목숨에 관련되는 범죄를 신고할 때였고, 또 다른 하나는 정말 아주 억울한 일을 당했을 때였다. 하지만 ⓐ신문고를 치는 일은 쉽지 않았다.

　먼저 신문고를 치려면 아주 까다로운 절차를 거쳐야 했다. 예를 들어 경상도에 사는 만수가 억울한 일이 생겨 신문고를 치기로 했다고 생각해 보자. 그러려면 만수는 먼저 자신이 살고 있는 곳의 관청에 신고를 하고 확인서를 받아야 한다. 하지만 관청의 수령들은 자기 고을의 백성이 왕에게 억울함을 하소연하는 것을 원하지 않았기 때문에 확인서를 잘 써 주지 않았다. 겨우겨우 고을 수령에게 확인서를 받으면 경상도 관찰사에게 또 확인서를 받아야 하고, 그다음에는 서울에 있는 사헌부에 가서 또다시 확인서를 받아야 한다. 이렇게 세 장의 확인서를 들고 의금부 관리를 찾아가 허락을 받아야만 겨우 신문고를 칠 수 있었다. 이렇게 지나치게 까다로운 절차 때문에 백성들이 실제로 신문고를 치는 경우는 거의 없었다.

　또 백성들이 신문고를 치기 어려웠던 이유는 신문고가 서울에 설치되어 있었기 때문이다. 교통이 발달하지 않았던 조선 시대에 신문고를 치기 위해 일부러 서울로 올라오기란 쉬운 일이 아니었던 것이다. 이외에도 조선 시대의 신분 제도로 인해 계급이 낮은 관리가 윗사람을 고발하거나 백성들이 지방 관리를 고발하기라도 하면 오히려 벌을 받았기 때문에 백성들은 신문고 치는 것을 꺼려했다.

　한편 이런 힘든 과정을 거쳐서 신문고를 친다고 해도 왕이 직접 나와서 억울함을 해결해 주는 경우는 거의 없었기 때문에 신문고는 제 역할을 하지 못하고 곧 애물단지가 되고 말았다.

　이후에 조정은 신문고 제도 대신에 꽹과리를 ⓑ쳐서 자신의 억울함을 알리는 ㉡'격쟁'이라는 제도를 만들었다. 그런데 격쟁 제도를 이용해서 왕에게 억울함을 호소하려면 왕이 궁궐 밖으로 나올 때까지 무작정 기다려야 했다. 마침내 왕이 궁궐 밖으로 나오면 억울한 일을 당한 백성은 꽹과리를 깨갱깨갱 쳐서 왕의 눈길을 끌어 왕이 그 이유를 물으면 그제야 겨우 자신의 억울함을 말할 수 있었다. 물론 꽹과리 외에도 높은 곳에 올라가 크게 소리를 질러 왕의 주목을 끌거나, 나뭇가지에 글을 써 붙여 왕의 눈길을 끈 후 억울함을 호소하기도 했다. 하지만 격쟁 제도도 그리 오래가지는 못했다. 왜냐하면 백성들이 지나치게 사소한 문제로도 이 제도를 이용했기 때문이다. 그러자 15세기 후반부터는 함부로 격쟁하는 것을 금지하는 법을 만들기도 했다.

1 ㉠과 ㉡에 대한 이해로 적절하지 <u>않은</u> 것은?

① ㉠과 달리 ㉡은 개인의 사소한 문제를 해결하는 데도 이용되었던 제도이다.
② ㉡은 ㉠이 제 역할을 하지 못했기 때문에 만들어진 제도이다.
③ ㉠과 ㉡ 모두 정식 절차가 필요했던 제도이다.
④ ㉠과 ㉡ 모두 궁궐 밖에서 이용되었던 제도이다.
⑤ ㉠과 ㉡ 모두 백성들이 억울한 일을 당했을 때 왕에게 호소하는 제도이다.

2 ⓐ의 이유로 적절하지 <u>않은</u> 것은?

① 신문고를 치려면 여러 단계의 절차를 거쳐야 했기 때문에
② 왕이 직접 나와 사건을 해결해 주는 경우가 드물었기 때문에
③ 자신보다 신분이 더 높은 사람을 고발하면 벌을 받았기 때문에
④ 교통이 발달하지 않아 신문고를 치러 서울로 가기 어려웠기 때문에
⑤ 수령들이 자기 고을의 백성이 신문고 치는 것을 원하지 않았기 때문에

3 밑줄 친 단어 중, ⓑ와 문맥적 의미가 가장 가까운 것은?

① 관중은 훌륭한 경기에 박수를 <u>쳤다</u>.
② 그는 벽에 못을 <u>쳐서</u> 박은 다음 그림을 걸었다.
③ 어린아이들이 골목길에서 딱지를 <u>치며</u> 놀고 있다.
④ 앞으로는 지각도 결석으로 <u>치겠으니</u> 수업 시간에 늦지 마세요.
⑤ 마른하늘에 번개가 <u>치자</u> 사람들은 놀라서 모두 집 안으로 들어갔다.

[1~10] 〈보기〉에서 어휘의 뜻풀이 또는 예문의 (   ) 안에 들어갈 어휘 ㉠~㉤을 찾아 쓰시오.

보기

| ㉠ 개입 | ㉡ 하소연 | ㉢ 억압 | ㉣ 공익 | ㉤ 강제 |

뜻풀이

1 억울한 일, 딱한 사정 등을 간곡히 호소함. [   ]

2 어떤 일에 끼어듦. [   ]

3 자기의 뜻대로 행동하지 못하게 억지로 억누름. [   ]

4 남에게 어떤 일이나 행동 따위를 억지로 시킴. [   ]

5 사회 전체의 이익. [   ]

예문

6 그녀는 나에게 자신의 괴로운 심정을 (   )했다. [   ]

7 반대 세력을 (   )하다. [   ]

8 군사적 (   )이/가 필요하다는 의견이 있다. [   ]

9 그는 마을의 (   )을/를 위해 힘쓰고 있다. [   ]

10 (   ) 퇴장. [   ]

[11~15] 다음에서 설명하는 어휘가 무엇일지 사다리를 연결하고 주어진 낱자를 활용하여 쓰시오.

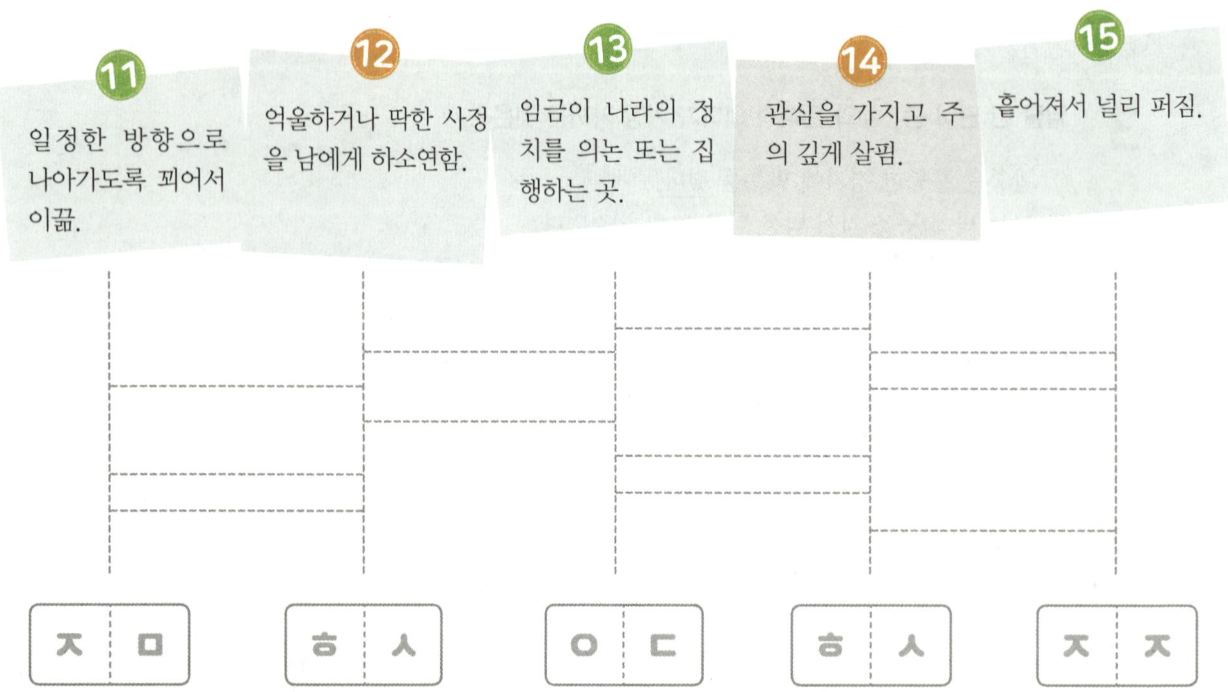

어휘 특강

비 비슷한 말　반 반대말

비 구별하다
성질이나 종류에 따라 갈라놓다.
예 공과 사를 구별하다.

비 가르다
쪼개거나 나누어 따로따로 되게 하다.
예 수박을 다섯 조각으로 갈라 나누어 먹었다.

비 나누다
하나를 둘 이상으로 가르다.
예 이 사과를 세 조각으로 나누자.

구분하다
일정한 기준에 따라 전체를 몇 개로 갈라 나누다.
예 읽을 책을 읽은 책과 구분하다.

반 모으다
한데 합치다.
예 다리를 모으고 다소곳이 앉다.

반 합하다
여럿이 한데 모이다. 또는 여럿을 한데 모으다.
예 그는 작은방을 큰방과 합하여 서재로 만들었다.

반 종합하다
여러 가지를 한데 모아서 합하다.
예 뉴스를 종합하다.

독해 방법 Q&A

> " 선생님, 글쓴이의 의도와 관점을 파악하는 효과적인 방법에는 어떤 것이 있을까요? "

먼저 글에서 다루고 있는 중심 화제를 파악하고, 다음으로 중심 화제를 중심으로 문단별로 핵심어, 중심 문장 등을 찾아 각 문단의 중심 내용을 정리하도록 해야 해. 마지막으로 이를 바탕으로 글 전체를 아우르는 글쓴이의 관점 및 글을 쓴 의도를 파악해야 한단다. 이외에 특정 이론이나 주장이 제시된 경우 근거가 되는 내용도 함께 정리해야 하고, 대립되는 주장(이론) 또는 두 가지 이상의 개념(정보)들이 제시된 경우 각 정보 간의 공통점과 차이점도 구분해서 파악해야 해. 그리고 글의 주제나 중심 내용은 글에서 반복되는 단어나 어구를 정리하거나 글의 마지막 부분을 확인해 보면 쉽게 파악할 수 있단다.

> 글의 중심 화제 파악
> ↓
> 각 문단의 중심 내용 정리
> (문단별 핵심어, 중심 문장 찾기)
> ↓
> 글 전체를 아우르는 글쓴이의
> 의도 및 관점 파악

학습 점검표

STUDY 02의 지문과 문제를 잘 학습했는지 체크한 후, 부족한 부분이 있다면 앞으로 돌아가서 다시 살펴보자~!

지문/문제	나의 체크					보완할 부분
넛지, 부드러운 설득의 힘	○ 1회독　○ 2회독 이상		○ 내용　○ 지문 구조　○ 어휘			
	1	○ 맞힘　○ 틀림	○ 내용　○ 개념&유형　○ 어휘			
	2	○ 맞힘　○ 틀림	○ 내용　○ 개념&유형　○ 어휘			
신문고는 왜 치기 어려웠을까?	○ 1회독　○ 2회독 이상		○ 내용　○ 지문 구조　○ 어휘			
	1	○ 맞힘　○ 틀림	○ 내용　○ 개념&유형　○ 어휘			
	2	○ 맞힘　○ 틀림	○ 내용　○ 개념&유형　○ 어휘			
	3	○ 맞힘　○ 틀림	○ 내용　○ 개념&유형　○ 어휘			

STUDY 03 과학 • 쓰레기 속 신기한 화학 원리

글의 구조, 문단의 성격 이해하기

* **밀도:** 어떤 물질의 단위 부피만 큼의 질량.
* **자성:** 자기(자석이 갖는 작용이나 성질)를 띤 물체가 나타내는 여러 가지 성질.
* **자기장:** 자석의 주위, 전류의 주위와 같이 자기의 작용이 미치는 공간.
* **압축:** 물질 따위에 압력을 가하여 그 부피를 줄임.
* **파쇄:** 깨뜨려 부숨.
* **미생물:** 눈으로는 볼 수 없는 아주 작은 생물.
* **발효:** 효모나 세균 등의 미생물이 유기물을 분해시키는 작용.
* **부패:** 물질이 썩는 것.

지문 정보 확인

1. 비닐, 플라스틱은 재활용이 불가능한 일반 쓰레기이다. ( )

2. 재활용품 쓰레기들이 처리되는 과정은 '혼합물의 분리 원리'를 이용한 것이다. ( )

3. 음식물 쓰레기는 발효 · 부패되어 모두 찌꺼기로 남게 된다. ( )

우리가 배출하는 쓰레기의 양은 어느 정도일까? 우리나라에서 한 사람이 보통 70여 년을 살면서 버리는 쓰레기의 양은 무려 55톤에 달한다. 그런 점에서 이렇게 버려지는 쓰레기들은 실제로 어떻게 처리되고 있는지 살펴볼 필요가 있다.

쓰레기는 우선 일반 쓰레기와 음식물 쓰레기로 구분할 수 있다. 일반 쓰레기는 재활용이 불가능한 쓰레기와 재활용이 가능한 쓰레기로 구분할 수 있다. 그중 재활용 쓰레기는 종이, 비닐, 플라스틱, 캔과 같은 금속이나 알루미늄으로 나뉠 수 있으며 모두 재활용이 가능하다. 그렇다면 이러한 재활용 쓰레기들은 어떤 과정을 거쳐 처리되는 것일까? 이 과정은 '혼합물의 분리 원리'를 이용해 간단히 살펴볼 수 있다. 즉 쓰레기를 각종 물질들이 섞여 있는 혼합물 상태로 보는 것이다.

먼저 재활용 쓰레기는 컨베이어 벨트를 통해 분리되는 과정을 거친다. 예를 들어 플라스틱과 철 혼합물의 경우 철만 자석에 붙는 성질이 있다는 점을 이용해 쉽게 분리할 수 있다. 또한 유리와 플라스틱 혼합물은 무게, 즉 '밀도 차'를 이용해 분리할 수 있다. 유리와 플라스틱 혼합물이 컨베이어 벨트 위를 움직일 때 무거운 유리는 아래로 떨어지고 가벼운 플라스틱은 그대로 통과하게 되는 것이다. 이후 알루미늄을 분리할 때에는 자성을 띠지 않는 알루미늄에 전기 에너지를 가해 자기장을 일으킨다. 이때 알루미늄들이 자기장에 반발해 튀어 오르면서 그 옆의 다른 공간으로 이동하게 된다. 그리고 각각의 분리된 재활용 쓰레기들은 압착돼 부피를 최대한 줄인 형태로 재활용 공장에 전달된다.

화학적 원리가 적용된 음식물 쓰레기의 처리 과정은 놀라운 변신을 보여 준다. 먼저 음식물 쓰레기를 압축 · 파쇄하는 과정에서 음식물에 섞인 비닐 · 플라스틱 같은 이물질을 제거한다. 이렇게 압축 · 파쇄된 음식물 쓰레기는 거대한 원통 탱크인 '소화조'로 보내지는데, 소화조는 높은 온도를 유지하여 미생물의 작용을 활발하게 한다. 이후 발효와 부패의 과정이 완료되면 '바이오 가스, 물, 슬러지(찌꺼기)'가 남는다. 이때 물은 하수 처리장으로, 슬러지는 매립장으로 보내지며, 바이오 가스는 우리가 사용하는 도시가스 및 공장, 버스의 연료로 활용된다.

결국 쓰레기는 분리와 분해 등의 과정을 거쳐 재활용품 혹은 연료가 되어 우리 생활로 다시 찾아온다. 하지만 재활용이 불가능한 쓰레기들은 여전히 환경 오염 문제를 ⓐ낳고 있는 상황이다. 쓰레기 양산을 더 이상 멈출 수 없다면 쓰레기들이 재생 가능한 에너지로 탈바꿈될 수 있도록 지속적인 연구가 필요할 것이다.

1 **윗글의 전개 방식에 대한 설명으로 가장 적절한 것은?**

① 시간의 흐름에 따라 대상의 변천 과정을 제시하고 있다.
② 문제를 제기한 후 그 원인을 다양한 측면에서 분석하고 있다.
③ 전문가의 의견을 인용하여 대상이 갖는 특징을 소개하고 있다.
④ 대상의 장점과 단점을 제시한 후 절충하여 결론을 내리고 있다.
⑤ 특정 대상에 대한 원리를 소개하고 구체적 사례를 들어 설명하고 있다.

2 **쓰레기 처리 과정에 대한 설명으로 적절한 것을 〈보기〉에서 모두 고른 것은?**

보기

ㄱ. 페트병과 유리병이 혼합되어 있는 경우 밀도 차를 이용해 분리할 수 있다.
ㄴ. 알루미늄으로 만들어진 캔은 자석에 붙는 성질을 이용해 분리할 수 있다.
ㄷ. 음식물 쓰레기는 고온에서 미생물의 활성화를 통해 재생 에너지로 거듭날 수 있다.
ㄹ. 재활용 쓰레기와 음식물 쓰레기는 처리 과정에서 최종적으로 본래의 부피에 변화가 없다는 공통점이 있다.

① ㄱ, ㄴ   ② ㄱ, ㄷ   ③ ㄷ, ㄹ
④ ㄱ, ㄴ, ㄹ   ⑤ ㄴ, ㄷ, ㄹ

3 **밑줄 친 단어 중, ⓐ와 문맥적 의미가 가장 유사한 것은?**

① 그는 우리나라가 낳은 위대한 축구 선수이다.
② 이번 시험에 최선을 다하여 좋은 결과를 낳았다.
③ 자식을 낳아 키워 봐야 부모의 마음을 알게 된다.
④ 예전에는 집집마다 손으로 무명을 낳는 풍습이 있었다.
⑤ 이 마을은 유명한 학자들을 많이 낳은 곳으로 유명하다.

📖 지문 구조 & 정답 및 해설 014쪽

*완승: 완전하게 또는 여유 있게 이김.

*데이터: 바탕이 되는 자료.

*추정: 미루어 생각하여 판정함.

*분류: 종류에 따라서 가름.

*보상: 어떤 것에 대한 대가로 갚음.

*기보: 바둑이나 장기 두는 법을 적은 책.

*검증: 검사하여 증명함.

*추론: 미루어 생각하여 논함.

"초반부터 한순간도 제가 앞섰다고 생각한 적이 없었습니다. 오늘은 정말 알파고의 완승*입니다." 인공 지능 알파고와 바둑 대결을 했던 이세돌 9단이 대국 2차전을 끝내고 한 말이다. 알파고는 이세돌 9단에 이어 세계 바둑 1위 커제 9단을 3연승으로 누르고 바둑계에서 은퇴했다. 알파고는 어떻게 바둑 천재들을 이길 수 있었을까?

알파고는 구글 딥마인드가 개발한 인공 지능 컴퓨터 바둑 프로그램이다. 사람처럼 생각하고 느끼며 움직이는 컴퓨터 과학으로 경험을 통해 스스로 학습하는 능력을 갖추었다. 나아가 기계 스스로 과거에서 현재까지 쌓인 방대한 정보를 학습하고 분석하면서 자체적으로 규칙을 찾아 나갈 수 있다. 하나를 가르치면 열을 아는 것이다.

알파고의 학습 방법은 크게 세 가지로 구분된다. 첫 번째는 지도(指導) 학습으로, 정답이 있는 데이터*를 학습시키는 것이다. 예를 들어 개의 사진과 고양이의 사진을 각각 보여 주면서 '이것은 개', '이것은 고양이'라고 답지를 제공하며 학습시킨 후에 다른 사진들에서 개의 사진을 찾아내게 한다. 입력 데이터를 가지고 학습하고 나면, 인공 지능은 학습한 모델을 새로운 데이터에 적용해서 예측이나 추정*, 분류* 등의 일을 할 수 있다.

두 번째는 비지도(非指導) 학습으로, 입력 데이터만 주고 정답이 무엇인지 모르는 상황에서 숨겨진 규칙을 탐색하고 관계를 찾게 하는 학습 방법이다. 예를 들어 여러 동물의 사진을 놓고 그것이 무엇인지 답이 없는 상태로 함께 입력하면 인공 지능은 비슷한 특징을 기준으로 동물들의 집합을 만든다. 이러한 비지도 학습에는 패턴·구조 발견, 그룹화, 네트워크 분석 등이 있다.

세 번째는 강화 학습으로, 알려 주는 정보 없이 능동적으로 변화하는 환경과 상호 작용을 하면서 최적의 행동을 학습하는 방법이다. 인공 지능이 스스로 판단해서 과제에 성공하거나 실패하면서 보상*을 통해 조금씩 성공 확률을 높여 가는 것이다. 이런 강화 학습은 행동에 대한 보상이 즉각적으로 계산되지 않을 경우 학습하는 데 시간이 많이 걸리지만, 지도 학습과 함께 훈련하면 학습 능력을 놀랍게 향상시킬 수 있다.

알파고의 경우 이세돌 9단과의 대국에 앞서 프로 바둑 기사들과 바둑을 두는 지도 학습과 하루 3만 번 이상 가상 대국을 두는 강화 학습으로 짧은 시간에 눈에 띄게 실력이 나아졌다. 아마추어 고수들이 인터넷에서 둔 바둑 기보*를 공부하였으며, 가상 대국을 수없이 두며 배운 것들을 하나하나 따져 보고 검증*하였다. 결국 알파고는 엄청난 훈련과 학습을 통해 방대한 자료를 분석해 나감으로써 인간을 넘어설 수 있는 학습 능력을 키웠음을 추론*해 볼 수 있다.

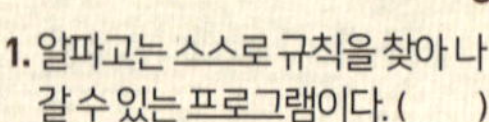

지문 정보 확인

1. 알파고는 스스로 규칙을 찾아 나갈 수 있는 프로그램이다. (　　)

2. 비지도 학습은 비슷한 패턴을 발견하고 특징을 분석할 수 있는 방법이다. (　　)

3. 알파고는 인간과 달리 보상을 통해 학습 능력을 향상시킬 수 없다는 한계가 있다. (　　)

1 윗글의 전개 방식에 대한 설명으로 적절하지 <u>않은</u> 것은?

① 예시를 통해 독자의 이해를 돕고 있다.
② 질문을 던짐으로써 독자의 호기심을 유발하고 있다.
③ 다른 대상과의 차이점을 밝혀 내용을 뒷받침하고 있다.
④ 분류의 방법을 활용하여 대상과 관련된 개념을 설명하고 있다.
⑤ 특정 대상이 갖는 한계점을 지적하고 보완점을 제시하고 있다.

2 〈보기〉는 인공 지능 모델의 학습 방법을 보여 주는 흐름도이다. 윗글을 바탕으로 〈보기〉를 이해한 내용으로 가장 적절한 것은?

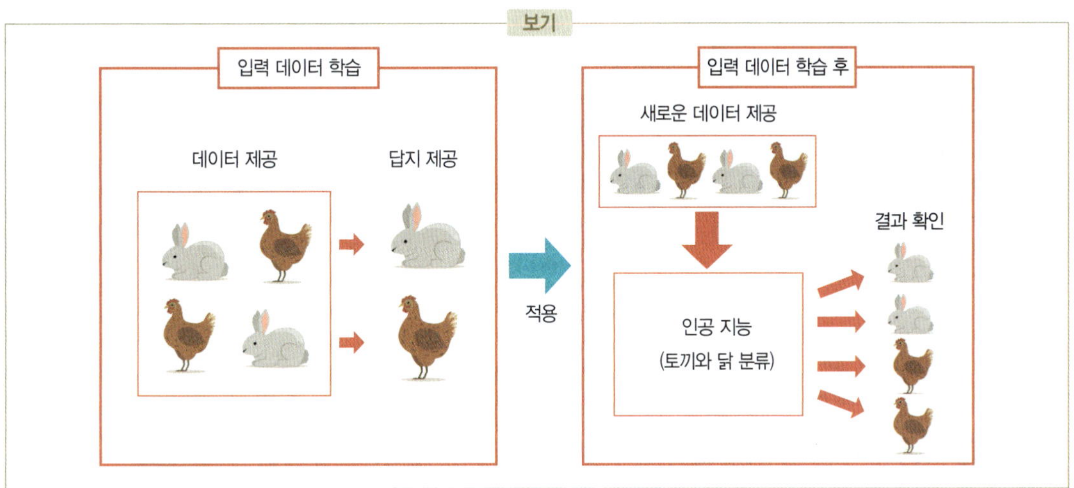

① '입력 데이터 학습' 단계에서 제공된 데이터를 그룹화하는 과정을 수행하고 있다.
② '입력 데이터 학습' 단계에서 답지 정보를 제공해 주지 않아도 스스로 답을 찾아 나가는 과정을 보여 주고 있다.
③ '입력 데이터 학습 후'를 수행한 후 인공 지능 프로그램은 답지를 제공해 주지 않아도 닭과 토끼를 분류할 가능성이 있다.
④ '입력 데이터 학습 후'에서 규칙을 탐색하고 관계를 찾는 학습 과정을 충분히 반복해야 새로운 상황에서도 성공적인 수행 결과를 이끌어 낼 수 있다.
⑤ '입력 데이터 학습'과 '입력 데이터 학습 후'의 과정에서 학습에 대한 보상이 제공되면서 답을 맞추어 나가는 확률을 높이고 있다.

[1~10] 보기 에서 어휘의 뜻풀이 또는 예문의 (   ) 안에 들어갈 어휘 ㉠~㉤을 찾아 쓰시오.

보기

㉠ 완승   ㉡ 파쇄   ㉢ 추정
㉣ 발효   ㉤ 압축

1 완전하게 또는 여유있게 이김.

[   ]

2 물질 따위에 압력을 가하여 그 부피를 줄임.

[   ]

3 효모나 세균 등의 미생물이 유기물을 분해시키는 작용.

[   ]

4 깨뜨려 부숨.

[   ]

5 미루어 생각하여 판정함.

[   ]

6 현재까지 (   )으로는 내일 비 올 확률은 낮다.

[   ]

7 개막전을 (   )으로 장식했다.

[   ]

8 물건의 부피가 커서 (   ) 해야 가방에 들어간다.

[   ]

9 각종 폐기물을 (   )하는 것은 시간이 오래 걸린다.

[   ]

10 이 음료는 매실을 (   ) 시켜 만든 것이다.

[   ]

[11~15] 다음에서 설명하는 어휘가 무엇일지 주어진 낱자를 활용하여 쓰시오.

11 어떤 물질의 부피만큼의 질량.

12 검사하여 증명함.

13 종류에 따라서 가름.

14 미루어 생각하여 논함.

15 자기를 띤 물체가 나타내는 여러 가지 성질.

어휘 특강

● '안'과 '않'의 차이 ●

'안' → '아니'의 준말.	VS	'않-' → '아니하-'의 준말.

뒤에 오는 말을 부정할 때 쓰인다.
예
- 나는 밥을 (안 먹었어 / 않 먹었어).
- 강아지가 (안 보인다 / 않 보인다).
- 오늘 비가 (안 온다 / 않 온다).

주로 '-지 않다'의 꼴로 사람이나 사물의 움직임을 나타내는 말이나 사람이나 사물의 상태를 나타내는 말에 붙어 서술어를 구성할 때 쓰인다.
예
- 그는 꿈을 포기하지 (안는다 / 않는다).
- 그것은 옳지 (안아 / 않아).

글의 구조,
문단의 성격
이해하기

독해 방법 Q&A 

"선생님, 글의 구조를 파악하기 위해서는 무엇을 알아야 할까요?"

글은 일반적으로 '처음-중간-끝'의 구조를 지닌단다. '처음' 부분에서는 화제를 제시하고 문제를 제기하며, '중간' 부분에서는 설명 대상을 구체화하거나 문제에 대한 해결 과정을 논리적인 근거를 제시하며 전개해. 이때 글쓴이는 자신의 주장을 펼쳐 나가는 방법으로 시간의 흐름, 원인과 결과, 정의, 대조 등 다양한 전개 방식을 활용한단다. 마지막으로 '끝' 부분에서는 본문에서 전개한 내용을 요약하거나 앞서 전개한 주장을 다시 한 번 강조하며 전망을 제시하기도 해.

> 처음: 화제 제시, 문제 제기
> ↓
> 중간: 설명 대상의 구체화
> ↓
> 끝: 요약, 결론 제시 등

학습 점검표

STUDY 03 의 지문과 문제를 잘 학습했는지 체크한 후, 부족한 부분이 있다면 앞으로 돌아가서 다시 살펴보자~!

지문/문제	나의 체크					보완할 부분
쓰레기 속 신기한 화학 원리	○ 1회독 ○ 2회독 이상	○ 내용	○ 지문 구조	○ 어휘		
	1	○ 맞힘 ○ 틀림	○ 내용	○ 개념&유형	○ 어휘	
	2	○ 맞힘 ○ 틀림	○ 내용	○ 개념&유형	○ 어휘	
	3	○ 맞힘 ○ 틀림	○ 내용	○ 개념&유형	○ 어휘	
하나를 가르치면 열을 아는 알파고	○ 1회독 ○ 2회독 이상	○ 내용	○ 지문 구조	○ 어휘		
	1	○ 맞힘 ○ 틀림	○ 내용	○ 개념&유형	○ 어휘	
	2	○ 맞힘 ○ 틀림	○ 내용	○ 개념&유형	○ 어휘	

훈민정음은 왜 만들었을까?

읽기 목적에 따른 요약하기

* **도모:** 어떤 일을 이루기 위하여 대책과 방법을 세움.

* **발로:** 숨은 것이 겉으로 드러나거나 숨은 것을 겉으로 드러냄. 또는 그런 것.

* **역량:** 어떤 일을 해낼 수 있는 힘.

* **심오하다:** 사상이나 이론 따위가 깊이가 있고 오묘하다.

지문 구조 & 정답 및 해설 016쪽

[가] 훈민정음은 조선 제4대 왕인 세종이 만들었고, 훈민정음 해설서인『훈민정음』은 훈민정음 창제 이후 세종과 집현전 학자들이 함께 만들었다. ㉠『훈민정음』에서 세종은 '서문'과 새로운 글자의 발음과 사용법을 담은 '예의' 부분을 지었으며, 나머지 부분은 집현전 학자인 정인지, 박팽년, 성삼문, 강희안 등이 지었다. 일반적으로 훈민정음이라고 하면 문자와 책을 아울러 일컫기 때문에 정확하게 구분해서 이해해야 한다.

[나] 훈민정음을 만들기 전에는 우리말은 있었으나 이를 자유롭고 온전하게 표기할 수 있는 문자가 없었다. 지배층은 입으로는 우리말을 하고 글을 쓸 때는 한문을 쓰는 이중적인 언어생활을 하였다. 그러다 보니 자신의 생각과 느낌을 글로써 제대로 표현하기가 어려웠다. 그래서 한자의 음이나 뜻을 이용해 우리말을 적기도 하였는데 한자를 모르는 일반 백성들에게는 이마저도 쉽지 않았다.

[다] 이에 세종은 한자를 모르는 일반 백성들이 자신이 생각하는 바를 글로써 마음껏 표현하지 못하는 것을 매우 가엾게 여겼다. 그래서 누구나 쉽게 배워 씀으로써 일상생활에서 의사소통에 불편함이 없는 삶을 누리게 하고자 새로운 문자인 훈민정음을 만들었다. 즉 세종이 훈민정음을 만든 것은 백성을 사랑하는 애민 정신과 생활의 편의를 도모하는 실용 정신의 발로였다고 말할 수 있다.

[라] 세종은 당대 최고의 언어학자로 평가받을 만큼 탁월한 역량을 갖추고 있었다. 주변 국가들이 사용하던 각각의 고유 문자에 대해 자세히 알고 있었을 뿐만 아니라 중국어의 말소리 체계에 관한 학문과 동양 철학에 대한 지식도 높은 경지에 올라 있었다. 그리하여 우리말 소리 체계에 맞는 새로운 문자를 만들면서도 그 안에 우주와 자연의 심오한 철학을 담아낼 수 있었다.

[마] 이처럼 ㉡훈민정음은 당시의 시대적 필요성과 함께 언어학자인 세종의 뛰어난 역량이 빚어낸 위대하고 창조적인 발명품이며, 훈민정음의 탄생은 우리 역사에서 중요한 사건이자 문화사적 혁명이라고 할 수 있다.

지문 정보 확인

1. 훈민정음을 만들기 전에도 지배층은 문자 생활을 했다. (   )

2. 세종이 훈민정음을 만들기 이전에는 우리말만 존재하고 표기법이 없었다. (   )

3. 훈민정음은 우리말 소리 체계에 맞을 뿐만 아니라 우주와 자연의 철학을 포함하고 있다. (   )

1 [가]~[마]의 중심 내용으로 적절하지 <u>않은</u> 것은?

① [가]: 훈민정음의 의미와 이를 만든 사람
② [나]: 훈민정음 창제 이후 문자 생활의 변화
③ [다]: 훈민정음 창제에 담긴 정신
④ [라]: 세종이 훈민정음을 만들 수 있었던 까닭
⑤ [마]: 훈민정음 창제의 의의

2 윗글을 통해 알 수 있는 내용이 <u>아닌</u> 것은?

① 훈민정음이 창제된 후 그 사용법이 담긴 책이 만들어졌다.
② 훈민정음 창제 이전에 일반 백성들은 문자 생활이 어려웠다.
③ 세종은 문자 생활을 하지 못하는 백성을 매우 가엾게 여겼다.
④ 훈민정음의 탄생은 문화사적으로도 중요한 의의를 지니고 있다.
⑤ 세종은 중국의 말소리 체계에 관한 학문을 바탕으로 훈민정음을 만들었다.

3 ㉠과 ㉡에 대한 설명으로 적절한 것은?

① ㉠과 ㉡ 모두 책을 가리킨다.
② ㉠과 ㉡ 모두 문자를 가리킨다.
③ ㉠은 책을 가리키고, ㉡은 문자를 가리킨다.
④ ㉠은 문자를 가리키고, ㉡은 책을 가리킨다.
⑤ ㉠과 ㉡ 모두 책을 가리키지만, ㉠은 ㉡의 일부이다.

노란색을 사랑한 화가, 고흐

📖 지문 구조&정답 및 해설 018쪽

*심취: 어떤 일이나 사람에 깊이 빠져 마음을 빼앗김.

*살아생전: 이 세상에 살아 있는 동안.

*투박하다: 생김새가 볼품없이 둔하고 튼튼하기만 하다.

*격정적: 감정이 강렬하고 갑작스러워 누르기 어려운. 또는 그런 것.

서양에서는 오랫동안 노란색이 좋지 않은 의미로 쓰였다. 그러나 모두가 노란색을 싫어했던 것은 아니다. 빈센트 반 고흐는 누구보다 노란색을 사랑했다. 고흐는 노란 것이면 무엇이든 감동을 받을 정도로 노란색에 심취*했다고 한다. 고흐를 가장 강렬하게 매혹한 것은 바로 태양이었다. 그래서 고흐의 작품에는 타는 듯한 노란색 태양이 많이 등장한다. 살아생전* 궁핍하고 불행한 삶을 살았던 고흐에게 어쩌면 선명한 노란색은 구원과 희망을 뜻했을지도 모른다.

▲ 고흐, 「아를의 고흐의 방」

㉠「아를의 고흐의 방」을 그린 1888년 고흐는 프랑스 남부의 '아를'이라는 마을에서 살고 있었다. 고향인 네덜란드에서 파리로 옮겨 왔던 고흐는 다시 조용한 시골 마을로 이주해 예술가의 공동체를 꿈꾸며 동료들을 초청한다. 하지만 고흐의 초청에 응한 사람은 고갱 단 한 명이었다. 고갱에 감격한 고흐는 고갱을 위해 집 한 채를 빌리고 그의 방을 고급 가구로 꾸며 놓았다. 반면 자신의 침실에는 값싸고 투박한* 가구를 들여놓게 된다.

「아를의 고흐의 방」은 고흐가 고갱을 기다리며 자신의 방을 그린 그림이다. 소박한 장식과 가구가 눈에 띈다. 그런데 방 안의 모습이 왠지 불안해 보인다. 침대며 탁자, 의자들이 마치 공중에 떠 있는 것같이 묘사되어 있다. 왜 그럴까? 그것은 고흐가 이 그림에 그림자를 그려 넣지 않았기 때문이다. ㉡한 학자는 이 그림에서 느껴지는 불안정에 대해 '고흐가 자신의 꿈이 곧 실현되려 하는 때에 불안과 기대에 차 흥분된 심리 상태에서 이 그림을 그렸기 때문'이라고 설명하기도 했다.

고흐와 노란색을 이야기할 때 해바라기 그림들을 빼놓을 수 없다. 이 그림들 역시 고흐가 고갱의 방을 장식하기 위해 그렸다고 전해진다. 분명 해바라기이지만 꼭 이글거리는 태양처럼 보이는 해바라기 그림은 고흐가 자신의 격정적*인 감정을 대담하고 힘이 넘치는 붓질로 표현한 것이다. 고갱도 고흐의 해바라기 그림을 보고 감탄을 금치 못했다고 전해진다. 그러나 두 사람의 공동생활은 두 달로 되지 못하여 고갱이 고흐의 곁을 떠나는 것으로 아쉽게 끝나 버리고 만다.

지문 정보 확인

1. 서양 사람들은 오랫동안 노란색을 부정적으로 생각했다. (　)

2. 고흐는 자신의 고향에서 예술가의 공동체를 만들기 위해 동료들을 초청했다. (　)

3. 고흐는 고갱의 방을 장식하기 위해 그림을 그리기도 했다. (　)

1 윗글을 통해 알 수 있는 내용이 <u>아닌</u> 것은?

① 고흐는 그림을 그릴 때 노란색을 많이 사용했다.
② 고흐는 프랑스 아를에서 예술가의 공동체를 꿈꾸었다.
③ 해바라기 그림이 원인이 되어 고갱은 고흐 곁을 떠난다.
④ 고흐는 초청에 응한 고갱을 위해 자신의 불편함도 감수했다.
⑤ 고갱을 기다리며 고흐가 그린 그림에는 그의 심리가 드러난다.

2 윗글을 읽고 ㉠을 친구들에게 소개하려고 할 때, 가장 적절한 것은?

① 고흐가 고갱의 방을 장식하기 위해 그린 그림으로, 고흐 자신의 격정적인 감정을 대담하고 힘이
넘치는 붓질로 표현하고 있어.
② 고흐가 시골 마을로 이주했을 때 그린 그림으로, 궁핍하고 불행한 삶으로 인한 절망감이 불안한
가구 배치를 통해 나타나고 있어.
③ 고흐가 고갱을 기다리며 그린 그림으로, 고흐 자신의 꿈이 실현되려 하는 때에 불안과 기대에
차 흥분된 심리 상태가 드러나 있어.
④ 고흐가 고갱을 기다리며 자신이 꾸민 고갱의 방을 그린 그림으로, 친구를 위해 고급 가구를 장
만한 모습이 선명하게 표현되어 있어.
⑤ 고흐가 예술가의 공동체를 꿈꾸었을 때 그린 그림으로, 동료 화가인 고갱이 이 작품을 보고 감
탄을 금치 못했다는 이야기가 전해지고 있어.

3 윗글을 바탕으로 〈보기〉의 ⓐ를 이해한 것으로 적절하지 <u>않은</u> 것은?

보기

ⓐ이 작품은 고흐가 1888년 초에 그린 해바라기 그림이다. 고갱이 고흐의 초청으로 아를에 도착한 1888년 10월 23일에 그의 눈길을 사로잡은 것은 바로 벽에 가득 걸려 있던 고흐의 해바라기 그림이었다고 한다.

① 고흐가 ⓐ를 그린 것은 노란색을 좋아하는 취향과 관련이 있을 거야.
② 시기적으로 ⓐ는 고갱의 방을 장식하기 위해 그렸을 가능성이 있겠어.
③ 윗글의 ㉡은 ⓐ에 대해 고흐의 심리 상태와 관련지어 설명하려 할 거야.
④ 고흐는 태양에 매혹되었기 때문에 ⓐ의 해바라기를 태양처럼 보이게 그렸을 거야.
⑤ 고갱은 고흐가 그린 ⓐ에 나타난 선명한 노란색에서 구원과 희망을 읽어 낼 수 있었어.

[1~5] 어휘의 뜻풀이와 어휘 ㉠~㉤을 바르게 연결하시오.
[6~10] 예문의 ( ) 안에 들어갈 어휘 ㉠~㉤을 바르게 연결하시오.

뜻풀이	어휘	예문

1 꿈, 기대 따위를 실제로 이룸.

2 마음이 아플 만큼 안 되고 처연하다.

3 어떤 일이나 사람에 깊이 빠져 마음을 빼앗김.

4 어떤 일을 해낼 수 있는 힘.

5 이 세상에 살아 있는 동안.

㉠ 역량
㉡ 살아생전
㉢ 가엾다
㉣ 심취
㉤ 실현

6 한꺼번에 모든 것을 잃은 그 사람이 ( ).

7 그는 ( ) 있는 지도자이다.

8 그는 서양 사람임에도 불구하고 동양 예술에 ( )했다.

9 그는 자신의 이상을 ( )하기 위해 끊임없이 노력한다.

10 고인의 ( ) 활동 모습이 담긴 사진이 공개되었다.

[11~15] 보기의 글자들을 조합하여 다음 뜻풀이에 해당하는 단어를 만드시오.

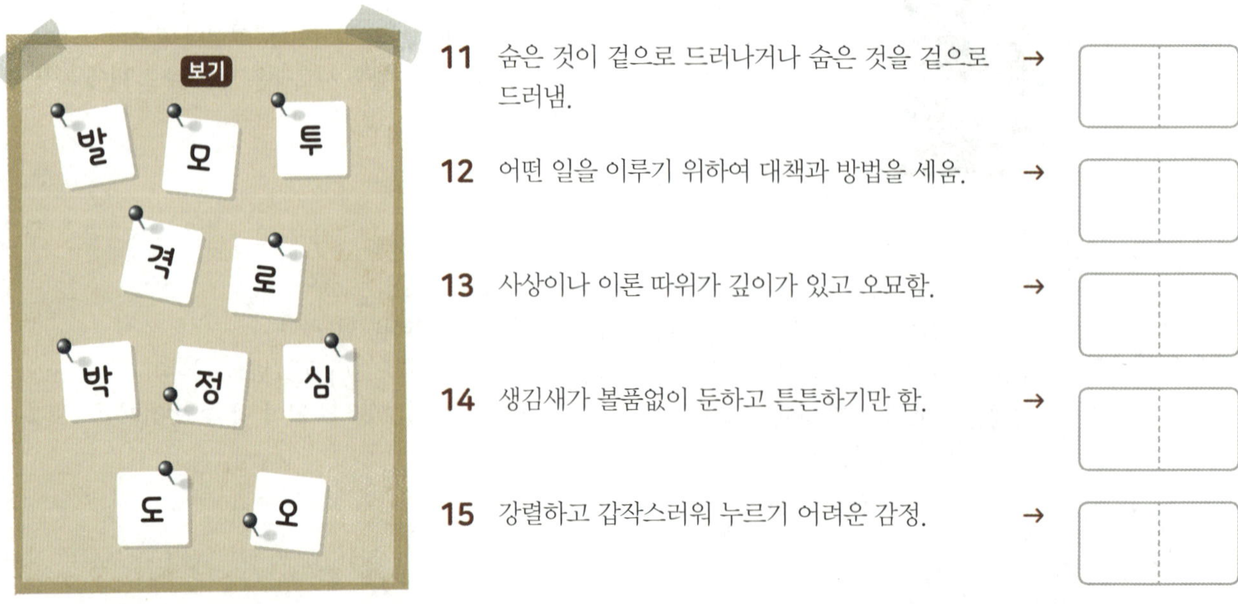

11 숨은 것이 겉으로 드러나거나 숨은 것을 겉으로 드러냄. →

12 어떤 일을 이루기 위하여 대책과 방법을 세움. →

13 사상이나 이론 따위가 깊이가 있고 오묘함. →

14 생김새가 볼품없이 둔하고 튼튼하기만 함. →

15 강렬하고 갑작스러워 누르기 어려운 감정. →

 **어휘 특강**

소리는 같지만 뜻이 다른 단어를 동음이의어(同音異義語)라고 한다.

붓다¹ 동사 ← 동음이의어 → 붓다² 동사

붓다

다의어

❶ 살가죽이나 어떤 기관이 부풀어 오르다.
  예 야식을 먹고 잤더니 얼굴이 <u>부었다</u>.

❷ 성이 나서 뾰로통해지다.
  예 왜 그렇게 <u>부어</u> 있니?

두 가지 이상의 뜻을 가진 단어를 다의어(多義語)라고 한다.

❶ 액체나 가루 따위를 다른 곳에 담다.
  예 밀가루를 유리병에 <u>붓다</u>.

❷ 모종을 내기 위하여 씨앗을 많이 뿌리다.
  예 배추씨를 <u>붓다</u>.

❸ 불입금, 이자, 곗돈 따위를 일정한 기간마다 내다.
  예 적금을 <u>붓다</u>.

❹ 시선을 한곳에 모으면서 바라보다.
  예 그는 강물에 눈을 <u>부은</u> 채 움직이지 않았다.

다의어

읽기 목적에 따른 요약하기

독해 방법 Q&A

" 선생님, 글의 내용을 요약할 때는 어떤 점에 주의해야 할까요? "

요약의 사전적 의미는 '말이나 글의 요점을 잡아서 간추리는 행위 또는 그런 것'이란. 따라서 요약을 할 때는 글쓴이가 전달하려는 핵심 내용이 무엇인지 정확하게 파악하는 것이 무엇보다 중요하지. 그러기 위해서는 일단 글쓴이가 글을 쓴 목적을 파악해야 해. 글의 목적에 따라 요약할 때 주목해야 하는 부분이 달라지기 때문이야. 글의 목적이 설명이라면 설명 대상과 세부 내용에 주목해야 하고, 글의 목적이 설득이라면 글쓴이의 주장과 주장을 뒷받침하는 내용을 중심으로 요약해야 하는 거야.

> 글의 목적 파악하기
> ↓
> 목적에 따라
> 세부 내용 확인하기
> ↓
> 목적에 따라
> 내용 간추리기

학습 점검표

STUDY 04 의 지문과 문제를 잘 학습했는지 체크한 후, 부족한 부분이 있다면 앞으로 돌아가서 다시 살펴보자~!

지문/문제	나의 체크					보완할 부분
훈민정음은 왜 만들었을까?	○ 1회독 ○ 2회독 이상		○ 내용 ○ 지문 구조 ○ 어휘			
	1	○ 맞힘 ○ 틀림	○ 내용	○ 개념&유형	○ 어휘	
	2	○ 맞힘 ○ 틀림	○ 내용	○ 개념&유형	○ 어휘	
	3	○ 맞힘 ○ 틀림	○ 내용	○ 개념&유형	○ 어휘	
노란색을 사랑한 화가, 고흐	○ 1회독 ○ 2회독 이상		○ 내용 ○ 지문 구조 ○ 어휘			
	1	○ 맞힘 ○ 틀림	○ 내용	○ 개념&유형	○ 어휘	
	2	○ 맞힘 ○ 틀림	○ 내용	○ 개념&유형	○ 어휘	
	3	○ 맞힘 ○ 틀림	○ 내용	○ 개념&유형	○ 어휘	

글의 특성에 따른 요약하기

📖 지문 구조 & 정답 및 해설 020쪽

황색 저널리즘의 기원

언론의 사명은 정확한 정보를 전달하는 것이다. 그런데 일부 언론사는 독자의 관심을 끄는 수단의 하나로 기사 내용과 상관없는 자극적인 제목을 붙이곤 한다. 그런 언론사의 사이트에 들어가 보면 실제로 질 낮은 기사, 유명인의 사생활을 들추는 무분별한 기사들이 사진과 함께 게재되어 있다. 이렇게 공익보다는 구독 경쟁에만 열을 올려서 선정적인 기사를 마구잡이로 싣는 행태를 가리켜 '황색 저널리즘(yellow journalism)'이라고 한다.

미국에는 저널리즘계의 노벨상으로 불리는 '퓰리처상'이 있다. 이 상을 제정한 사람은 미국의 신문 재벌 조지프 퓰리처이다. 그런데 퓰리처는 황색 저널리즘을 처음 만든 사람이기도 하다. 1883년에 일간지 『뉴욕 월드』를 인수한 퓰리처는 대중이 흥미로워할 법한 볼거리와 읽을거리로 지면을 가득 채웠다. 그 결과 『뉴욕 월드』는 단숨에 판매 부수가 15배나 급증해 신문 시장을 장악하게 되었다.

한편 『뉴욕 월드』에는 윌리엄 랜돌프 허스트라는 재벌 2세 출신의 기자가 있었다. 퓰리처가 선정적인 콘텐츠를 활용해 막대한 부를 축적하는 것을 본 허스트는 1895년에 자신도 일간지 『뉴욕 저널』을 인수해 자극적인 내용으로 지면을 채웠고, 『뉴욕 월드』와 『뉴욕 저널』은 경쟁하기 시작했다. 이때 『뉴욕 월드』에 연재되어 인기를 끌던 만화 '옐로 키드'를 사이에 두고 두 일간지가 서로 뺏고 뺏기며 경쟁하게 되었는데, 이것을 두고 사람들은 '옐로 저널리즘'이라는 이름을 붙였으며 여기에 오늘날 황색 저널리즘이라는 의미가 더해졌다.

언론계에서 최고 권위로 불리는 퓰리처상, 그 상이 황색 저널리즘으로 벌어들인 막대한 부에서 탄생한 사실을 우리는 어떻게 봐야 할까? 이는 황색 저널리즘이 예외적인 현상이 아니라 언론의 본질을 구성하는 요소라는 것을 말해 주는 것이 아닐까? 즉 이는 언론이 이윤을 추구하는 기업의 형태로 존재한다는 것이 가장 큰 문제라는 점을 보여 준다. 언론은 이윤을 놓고 시장에서 서로 경쟁을 벌여야 하고 이 경쟁에서 살아남으려면 사람들의 말초 신경을 자극해 주목받는 것이 가장 손쉬운 방법이기 때문이다.

---

* **사명:** 맡겨진 임무.
* **게재:** 글이나 그림 따위를 신문이나 잡지 따위에 실음.
* **행태:** 행동하는 양상.
* **인수:** 물건이나 권리를 건네받음.
* **급증:** 갑작스럽게 늘어남.
* **장악:** 무엇을 마음대로 할 수 있게 휘어잡음.
* **이윤:** 장사를 하여 남은 돈.
* **말초 신경:** 중추 신경 계통인 뇌와 척수의 바깥에 있는 신경을 통틀어 이르는 말.

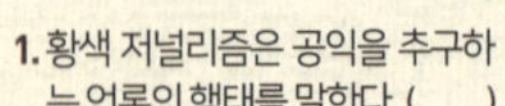

지문 정보 확인

1. 황색 저널리즘은 공익을 추구하는 언론의 행태를 말한다. (　)

2. 퓰리처상을 제정한 조지프 퓰리처는 황색 저널리즘을 처음 만든 사람이기도 하다. (　)

3. 황색 저널리즘은 언론이 이윤을 놓고 경쟁을 벌이는 과정에서 일어나게 되었다. (　)

1 윗글의 내용과 일치하지 <u>않는</u> 것은?

① 황색 저널리즘은 공익보다는 구독 경쟁에 치중한 언론사의 행태를 말한다.
② 퓰리처는 『뉴욕 월드』의 판매 부수를 늘리기 위해 퓰리처상을 제정하였다.
③ 『뉴욕 월드』는 대중의 입맛에 맞는 자극적인 기사를 활용하여 판매 부수를 늘렸다.
④ '옐로 저널리즘'이라는 이름은 『뉴욕 월드』와 『뉴욕 저널』 간의 경쟁에 의해 만들어졌다.
⑤ 기업 형태의 언론은 이윤을 남기기 위해 사람들의 말초 신경을 자극하는 방법을 사용한다.

2 윗글의 내용을 〈보기〉와 같이 요약할 때, ㉠~㉣에 들어갈 말을 바르게 나열한 것은?

보기

• 1문단: 황색 저널리즘의 (㉠)
• 2문단: 황색 저널리즘의 창시자인 퓰리처가 인수한 『뉴욕 월드』의 (㉡)
• 3문단: 『뉴욕 월드』와 『뉴욕 저널』 간의 경쟁과 '옐로 저널리즘' 이름의 (㉢)
• 4문단: 이윤 추구를 위한 언론사 간 경쟁의 (㉣)

↓

　황색 저널리즘이란 구독 경쟁을 위해 선정적인 기사를 마구잡이로 싣는 언론의 행태를 가리키는 말이다. 황색 저널리즘의 창시자인 퓰리처는 『뉴욕 월드』를 인수한 후 자극적인 기사를 실어 큰 성공을 거두었다. 이를 본 허스트 역시 『뉴욕 저널』을 인수하여 『뉴욕 월드』와 경쟁을 하였는데 이 과정에서 '옐로 저널리즘'이라는 이름이 탄생했다. 황색 저널리즘은 언론이 이윤을 추구하는 기업의 형태로 존재하기에 일어나는 문제라고 할 수 있다.

	㉠	㉡	㉢	㉣
①	성공	개념	유래	문제점
②	문제점	성공	개념	유래
③	유래	문제점	성공	개념
④	개념	성공	유래	문제점
⑤	문제점	성공	유래	개념

지문 구조 & 정답 및 해설 022쪽

*GDP: 국민 총생산에서 투자 수익 따위의 해외로부터의 순소득을 제외한 지표.

*지표: 방향이나 목적, 기준 따위를 나타내는 표지.

*존엄성: 감히 범할 수 없는 높고 엄숙한 성질.

*허식: 실속이 없이 겉만 꾸밈.

*법인: 법에 의하여 권리 능력이 부여되는 사단과 재단.

*국격: 나라의 품격.

*내력: 지금까지 지내온 경로나 경력.

현대 사회에서는 GDP*, 사회 민주화, 경제적 평등, 정치 참여도, 보건, 교육, 성적 평등 등의 각종 지표*를 동원해 삶의 질을 평가한다. 이로 인해 마치 삶의 질을 나타내는 척도가 여러 가지인 듯 여겨질 수 있지만, 실제로는 삶의 질이 여러 가지라기보다는 삶의 질을 확보하는 방도가 여러 가지일 뿐이다.

물론 삶의 질은 주관적인 측면이 있으므로 각 사회가 추구하는 가치관에 따라, 또는 각 개인마다 다를 수 있다. 대체로 기본적인 의식주의 충족, 건강, 행복, 건전한 사회관계 등 몇 가지로 압축되지만, 그런 요소들을 수치로 나타내는 것은 결국 실패하기 마련이다.

삶의 질을 평가하는 비교적 객관적인 척도는 디그니티(dignity)이다. 이 영어 단어는 보통 '존엄성*'이라는 뜻으로 쓰이지만, '자존심'이나 '체면'을 뜻하기도 한다. 본래 좋은 의미로 사용되는 단어이므로 '쓸데없는 자존심'이나 '허식*적인 체면'이 아니라 품위와 기품을 갖춘 자존심과 체면을 가리킨다. 디그니티가 보장되는 사회, 즉 많은 구성원이 각자 자신의 품위를 지키며 살아갈 수 있는 사회라면 삶의 질이 높다고 평가할 수 있다.

개인적인 차원에서 디그니티는 진정한 자기애(自己愛)를 포함한다. 자신을 진정으로 사랑하는 사람이라면 당연히 자존심과 체면을 잃는 것을 두려워한다. 예를 들어 자신의 디그니티를 중시하는 관리가 뇌물의 유혹을 받는다면, "그 정도 뇌물에 내 자존심과 체면을 팔기는 싫다."라는 결론을 내릴 수 있다.

한편, 국가도 일종의 법인(法人)이라고 본다면 국가적 차원의 디그니티도 찾을 수 있다. 이른바 국격이라고 말하는 것이 국가의 디그니티이다. 개인의 디그니티에 개인이 살아온 내력*이 반영되어 있듯이 국격도 저절로 생겨난 게 아니라 역사의 산물이다. 비천한 방법으로 부를 쌓은 졸부가 디그니티를 가질 수 없듯이 침략과 정복으로 나라의 경제력을 늘린 국가 역시 국격을 가질 수 없다.

개인적으로나 국가적으로나 디그니티를 척도로 삶의 질을 평가하면, 지표상의 기준과 같은 객관적 측면과 더불어 각 개인이나 국가의 가치관과 같은 주관적 측면을 포함시킬 수 있다. 각국의, 혹은 각자의 디그니티를 고려하지 않고 삶의 질을 평가하는 척도를 표준화시키려고 하는 시도가 위험한 이유는 바로 이것이다.

지문 정보 확인

1. 현대 사회에서 삶의 질을 확보하는 방도에는 여러 가지가 있다.　(　)

2. 디그니티는 쓸데없는 자존심이나 허식적인 체면을 포함하는 개념이다.　(　)

3. 디그니티는 개인적 차원에서 다루는 척도로서, 국가적 차원의 디그니티는 존재하지 않는다.　(　)

1 윗글의 '디그니티'에 대한 설명으로 적절하지 <u>않은</u> 것은?

① 디그니티가 보장되는 사회라면 삶의 질이 높다고 판단할 수 있다.
② 개인적 차원의 디그니티란 자신을 진정으로 사랑하는 태도를 포함한다.
③ 디그니티는 삶의 질을 평가하는 데 활용할 수 있는 비교적 객관적인 척도이다.
④ 역사적으로 다른 나라를 정복해 우월한 국력을 가졌던 국가일수록 디그니티가 높다.
⑤ 디그니티를 척도로 삶의 질을 평가하면 객관적 측면과 더불어 주관적 측면까지 포함할 수 있다.

글의 특성에
따른
요약하기

2 〈보기〉는 윗글을 읽은 학생들의 대화이다. Ⓐ에 들어갈 말로 가장 적절한 것은?

> **보기**
>
> 주은: 현대 사회에서 '삶의 질'이 중요하다는 것은 알고 있었지만 그것을 측정하는 방법에 대해서는 정확히 알지 못했는데, 이 글을 읽고 '디그니티'라는 척도에 대해 새롭게 배우게 되었어.
> 현수: 그래. 이 글에서 말하는 바를 요약해 보면 '(　　Ⓐ　　)'라고 할 수 있어. 이 글을 계기로 우리 사회의 디그니티는 어느 정도 되는지를 고민해 볼 수 있게 된 것 같아.

① 삶의 질을 평가하는 데 있어서 객관적 측면보다 주관적 측면이 더욱 중요하기 때문에 세계화와 신자유주의에서처럼 삶의 질을 표준화시키는 행위는 매우 위험하다고 할 수 있다.
② 삶의 질을 평가하는 척도인 디그니티는 '존엄성', '자존심', '체면' 등의 의미를 갖고 있으며, 좋은 의미로 사용되는 단어이므로 사회의 부정적 측면을 측정하는 데 있어서는 유용하지 못하다.
③ 개인적 차원의 디그니티에 비해 국가적 차원의 디그니티는 측정하기가 더욱 어려운데, 그것은 역사적인 맥락에서 한 국가가 다른 국가와 어떠한 관계를 맺어 왔는지를 총체적으로 판단해야 하기 때문이다.
④ 삶의 질을 평가하는 객관적인 척도인 디그니티는 개인적 차원과 국가적 차원에서 모두 활용할 수 있으며, 이것을 통해 '삶의 질'의 객관적 측면과 더불어 주관적 측면까지 평가할 수 있기 때문에 중요한 의미를 갖는다.
⑤ 현대 사회에서는 다양한 지표로 삶의 질을 평가하고 있지만, 그중 가장 유용한 척도인 디그니티의 경우 개인적인 차원에서뿐 아니라 국가적인 차원에서도 활용 가능하며 특히 삶의 질의 객관적 측면의 평가에 유용하다.

[1~10] 〈보기〉에서 어휘의 뜻풀이 또는 예문의 (　) 안에 들어갈 어휘 ㉠~㉤을 찾아 쓰시오.

보기

| ㉠ 급증 | ㉡ 인수 | ㉢ 존엄성 | ㉣ 이윤 | ㉤ 장악 |

뜻풀이

1 감히 범할 수 없는 높고 엄숙한 성질. 　[　]

2 무엇을 마음대로 할 수 있게 휘어잡음. 　[　]

3 갑작스럽게 늘어남. 　[　]

4 장사를 하여 남은 돈. 　[　]

5 물건이나 권리를 건네 받음. 　[　]

예문

6 물건이 많이 팔려서 (　　)을/를 남겼다. 　[　]

7 그의 무대 (　　) 능력에 모두 놀랐다. 　[　]

8 그 회사는 끝내 다른 회사에 (　　)되었다. 　[　]

9 외국과의 교역량 (　　). 　[　]

10 그것은 인간의 (　　)을/를 훼손하는 행위이다. 　[　]

[11~15] 다음에서 설명하는 어휘가 무엇일지 사다리를 연결하고 주어진 낱자를 활용하여 쓰시오.

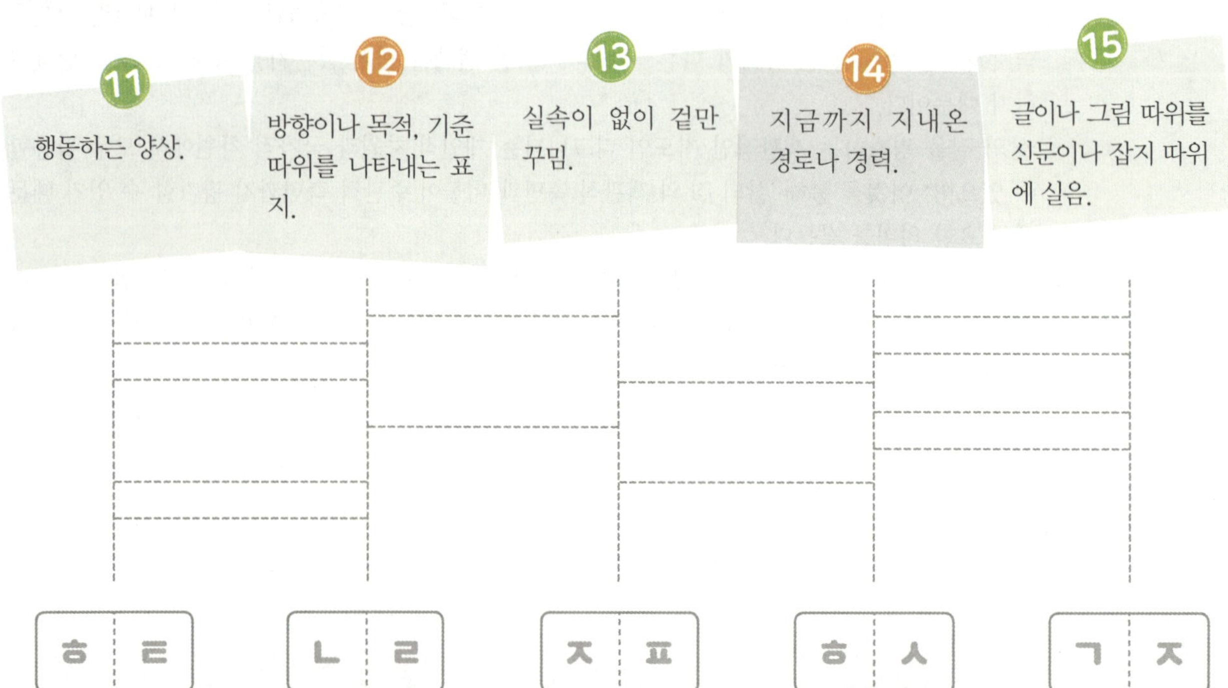

어휘 특강

비 습득하다
주워서 얻다.
예 그는 길에서 습득한 돈을 파출소에 맡겼다.

비 획득하다
얻어 내거나 얻어 가지다.
예 선거에서 겨우 10%의 표를 획득하다.

비 득하다
무엇을 얻거나 이익을 얻다.
예 삼세번에 득한다는 옛말대로 나는 세 번째 도전은 꼭 성공하고 싶었다.

얻다
거저 주는 것을 받아 가지다.
예 거실에 놓을 의자 하나를 이웃집에서 얻었다.

반 잃다
가졌던 물건이 자신도 모르게 없어져 그것을 갖지 아니하게 되다.
예 복잡한 시장 거리에서 지갑을 잃었다.

반 잃어버리다
가졌던 물건이 자신도 모르게 없어져 그것을 아주 갖지 아니하게 되다.
예 길에서 돈을 잃어버리다.

비 따다
점수나 자격 따위를 얻다.
예 박사 학위를 따다.

독해 방법 Q&A

" 선생님, 요약하기를 잘하려면 어떻게 해야 하나요? "

글을 요약할 때에는 다음과 같은 방법을 따르는 것이 좋단다. 첫째, 중심 내용이 분명하게 드러난 문장을 선택해야 해. 둘째, 덜 중요하거나 반복되는 내용은 삭제해야 해. 셋째, 구체적인 개념이나 세부 정보를 나타내는 단어가 여러 개라면, 그 단어들을 포괄하는 말로 묶어야 해. 마지막으로, 중심 내용이 분명하게 드러난 문장이 없다면 주요 내용을 바탕으로 중심 내용이 담긴 문장을 새롭게 만들어야 해.

중심 내용이 드러난 문장 선택
↓
덜 중요하거나 반복되는 내용 삭제
↓
포괄하는 말로 묶기
↓
새로운 문장으로 재구성

학습 점검표

STUDY 05 의 지문과 문제를 잘 학습했는지 체크한 후, 부족한 부분이 있다면 앞으로 돌아가서 다시 살펴보자~!

지문/문제	나의 체크					보완할 부분
황색 저널리즘의 기원	○ 1회독 ○ 2회독 이상		○ 내용	○ 지문 구조	○ 어휘	
	1	○ 맞힘 ○ 틀림	○ 내용	○ 개념&유형	○ 어휘	
	2	○ 맞힘 ○ 틀림	○ 내용	○ 개념&유형	○ 어휘	
삶의 질을 평가하는 디그니티	○ 1회독 ○ 2회독 이상		○ 내용	○ 지문 구조	○ 어휘	
	1	○ 맞힘 ○ 틀림	○ 내용	○ 개념&유형	○ 어휘	
	2	○ 맞힘 ○ 틀림	○ 내용	○ 개념&유형	○ 어휘	

핵심 내용 예측하기

원은 중심으로부터 같은 거리에 있는 점들을 이어 만든 도형이다. 우리 주변에는 원의 성질을 이용한 여러 발명품이 존재한다. 대표적인 예가 자동차의 바퀴이다. 사각형 혹은 삼각형 모양의 자동차 바퀴가 없는 이유는 무엇일까? 자동차 바퀴는 원 모양이어야만 바퀴의 각 점에서 중심까지의 거리가 같고, 중심을 축으로 원을 회전시킬 때 매끄럽게 굴러가기 때문이다.

맨홀* 뚜껑 역시 거의 예외 없이 원 모양이다. 원 위의 점들이 중심으로부터 같은 거리만큼 떨어져 있기 때문에 원의 지름은 어디에서나 같다. 이러한 성질은 자동차 바퀴와 마찬가지로 맨홀 뚜껑을 원 모양으로 만드는 이유가 된다. 사각형 모양의 맨홀 뚜껑을 연상* 해 보면 그 이유를 쉽게 납득할 수 있다. 사각형의 대각선은 네 변보다 길기 때문에 사각형 모양의 맨홀 뚜껑을 세우다가는 맨홀 구멍으로 빠지기 십상이다. 이에 반해 맨홀 뚜껑을 원 모양으로 하면서 맨홀 구멍보다 약간 크게 만들면, 맨홀 뚜껑을 세워도 구멍에 걸려 절대로 빠지는 일이 없다.

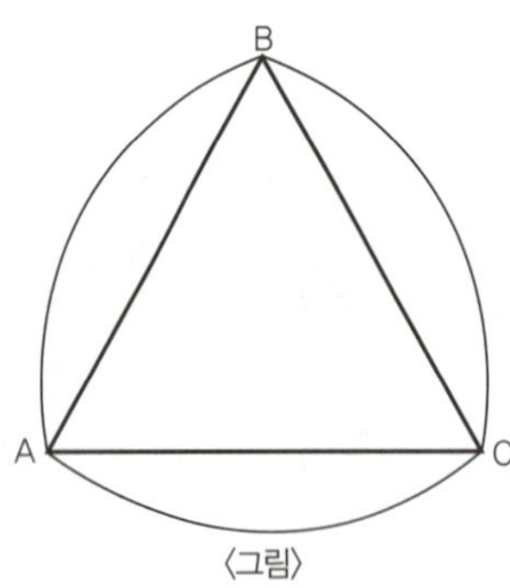

〈그림〉

여기서 알 수 있는 맨홀 뚜껑의 조건은 어느 방향에서 재어도 중심을 지나는 폭이 일정해야 한다는 점이다. 이러한 도형을 '정폭 도형'이라고 하는데, 원 이외에도 정폭 도형은 많이 있다. 예를 들어 〈그림〉과 같이 정삼각형 ABC를 그리고 꼭짓점 A에서 꼭지점 B와 C를 지나는 호를 그린다. 이러한 과정을 나머지 두 꼭짓점에서도 반복하면 부풀려진 정삼각형 모양을 얻을 수 있는데, 이 정폭 도형을 '뢸로 삼각형'이라고 한다. ㉠뢸로 삼각형 등 다양한 뢸로 다각형을 활용한다면, 천편일률* 적인 원 모양 이외에 개성 있는 맨홀 뚜껑을 만들 수 있다.

또한 맨홀 뚜껑은 자동차가 지나다닐 때 덜컹이거나 튀어 올라 열리면 곤란하기 때문에 충분히 무거워야 한다. 그리고 수없이 많은 맨홀을 덮어야 하기 때문에 비싸지 않은 소재를 사용해야 한다. 이런 조건을 갖춘 적절한 금속이 '주철'이다. 흔히 무쇠라고 불리는 주철은 녹는점* 이 낮아서 만들기 쉬우면서 무겁고 단단하다.

가끔 영화를 보면 자동차가 매우 빠르게 도로를 질주할 때 도로에 놓여 있던 맨홀 뚜껑이 공중으로 튀어 오르는 장면을 심심찮게 볼 수 있다. 이것은 자동차가 지나간 뒤쪽으로 강력한 진공* 상태가 만들어져 압력이 낮아지는 탓이다. 즉 맨홀 뚜껑 윗부분에 갑자기 진공 상태가 만들어지면서 주변의 공기가 진공이 만들어진 부분으로 강하게 빨려 들어가고, 이때 무거운 맨홀 뚜껑까지 딸려 올라가는 것이다.

---

* **맨홀(manhole):** 땅속에 묻은 수도관이나 하수관, 배선 따위를 검사하거나 수리 또는 청소하기 위하여 사람이 드나들 수 있게 만든 구멍.

* **연상:** 하나의 관념이 다른 관념을 불러일으키는 현상.

* **천편일률:** 여러 시문의 격조(格調)가 모두 비슷하여 개별적 특성이 없음.

* **녹는점:** 고체가 액체 상태로 바뀌는 온도.

* **진공:** 물질이 전혀 존재하지 아니하는 공간.

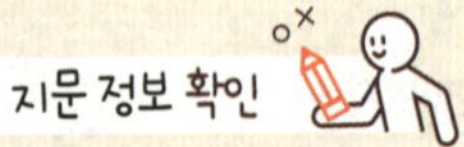

지문 정보 확인

1. 맨홀 뚜껑은 원 모양으로만 존재할 수 있다. ( )

2. 무쇠는 비싸지만 단단하기 때문에 맨홀 뚜껑의 재료로 적합하다. ( )

3. 맨홀 구멍은 맨홀 뚜껑보다 반드시 작아야 한다. ( )

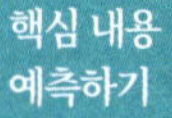

1 ㉠의 근거를 추론한 내용으로 가장 적절한 것은?

① 뢸로 삼각형은 각 변의 길이가 같아 안정적이기 때문이다.
② 뢸로 삼각형은 맨홀 구멍보다 작아 빠지는 일이 없기 때문이다.
③ 뢸로 삼각형은 어느 방향에서든 중심을 지나는 폭이 일정하기 때문이다.
④ 뢸로 삼각형은 중심을 축으로 회전할 때 매끄럽게 굴러가지 않기 때문이다.
⑤ 뢸로 삼각형은 원과는 달리 꼭짓점을 무게 중심으로 세우는 것이 용이하기 때문이다.

2 윗글을 바탕으로 〈보기〉의 사례들을 분석한 내용으로 적절하지 <u>않은</u> 것은?

> 보기
>
> (가) 자판기는 각 동전의 폭에 맞는 길을 놓아 종류에 따라 구분하도록 설계되어 있다. 대부분의 동전은 원의 형태이다. 그러나 영국에서 사용하는 20펜스 동전과 50펜스 동전은 뢸로 다각형으로 만들어져 있다.
>
> (나) 기타 피크는 얇고 날카로운 모서리의 도형으로 만든다면 손이 다칠 수 있기 때문에 뢸로 삼각형의 형태로 제작한다. 뢸로 삼각형은 세 개의 꼭짓점이 있어 손에 쥐고 줄을 튕기기 수월하며, 어느 방향으로 쥐든 안정적으로 연주할 수 있다는 장점이 있다.
>
> (다) 2018년에는 자동차가 도로를 주행하던 중 맨홀 뚜껑이 튀어 올라 차량 하부가 파손되는 사고가 발생했다. 이런 일을 예방하기 위해 일부 지자체에서는 도심에서 자동차 경주를 하는 등 특별한 경우에 한해 일정 기간 동안 맨홀 뚜껑을 용접하여 붙이도록 정해 놓았다고 한다.

① (가): 20펜스 동전과 50펜스 동전은 대부분의 동전 형태와 마찬가지로 정폭 도형이다.
② (가): 뢸로 다각형 형태의 동전은 원 형태의 동전과 형태가 달라 자판기에서는 쓰일 수 없다.
③ (나): 기타 피크는 사용자의 안전까지 고려하여 뢸로 삼각형 형태로 제작되고 있다.
④ (나): 기타 피크는 어느 쪽으로 쥐든 폭이 동일한 정폭 도형이기 때문에 안정적인 연주가 가능하다.
⑤ (다): 자동차 경주 중에는 자동차들의 고속 주행으로 인해 맨홀 뚜껑 주변의 압력이 하락하여 맨홀 뚜껑이 튀어 오를 수 있다.

지문 구조&정답 및 해설 026쪽

냉장고 안에서는 열이 이동한다. 즉 한 시스템에서 에너지를 빼앗아서 다른 시스템에 그 에너지를 양도하는 것이다. 따라서 냉장고는 내부의 열이 외부로 확실히 흘러가서 내부는 온도가 내려가고 외부는 올라가야 한다.

열은 밀폐된 회로에서 순환하는 냉매 덕분에 이동한다. 이런 냉매는 한 번의 순환 주기에 두 번의 상변화를 겪는다. 냉매는 첫 번째 상변화가 일어나는 동안 열을 외부에 양도한 다음, 두 번째 상변화가 이루어질 때 냉장고의 내부에서 열을 흡수한다. 해당 잠열이 높다면 아주 효과적으로 냉각될 수 있다.

[A]

가장 흔한 유형인 압축식 냉장고 속에서 이런 열의 이동 단계를 상세히 살펴보자. 냉장고가 때때로 소음을 낸다면, 그건 압축기 때문이다. 압축기는 기체 형태의 차가운 냉매를 압축하는데, 이로 인해 냉매의 온도와 압력이 올라간다. 따라서 냉매는 압축기에서 나갈 때 뜨겁고 압력이 높다.

높은 압력 상태의 뜨거운 이 기체는 그다음에 응축기를 거쳐 순환하는데, 그곳에서 확산을 통해 열을 외부로 양도하고 상변화를 겪는다. 높은 압력을 받는 뜨거운 액체로 변화되는 것이다. 압력이 상당하기 때문에 높은 온도에서 액화가 일어날 수 있다. 실제로 압력이 올라갈 때, 액화 온도가 상승하여 주변 온도보다 더 높아진다. 이 액체는 냉각 회로 속에서 계속 제 길을 가면서 그다음에 팽창 밸브를 지나는데, 팽창 밸브는 액체의 압력과 온도를 낮춰 준다. 그리하여 액체와 기체가 대등하게 뒤섞인 혼합물이 나오게 된다.

이렇게 압력이 떨어진 후, 저온의 액체−기체 혼합물은 증발기를 통과한다. 여기에서 그 혼합물은 냉장고 내부의 열을 흡수하여 두 번째 상변화를 겪는다. 액체가 끓기 시작해 기화된다. 그때 저온 저압 상태의 기체를 얻게 되며, 그 기체는 새로 순환을 하기 위해 압축기에서 다시 출발한다.

---

*양도: 재산이나 물건을 남에게 넘겨줌.

*밀폐: 샐 틈이 없이 꼭 막거나 닫음.

*순환: 주기적으로 자꾸 되풀이하여 돎.

*상변화: 물질이 온도, 압력, 외부 자기장 따위의 일정한 외적 조건에 따라 한 상(相)에서 다른 상으로 바뀌는 현상. 예를 들어, 액체가 기체로, 기체가 액체로 바뀌는 것.

*잠열: 고체가 액체로, 액체가 기체로 변할 때, 온도 상승의 효과를 나타내지 않고 단순히 물질의 상태를 바꾸는 데 쓰는 열.

*압축식: 물질 따위에 압력을 가하여 그 부피를 줄이는 방식이나 형식.

*액화: 기체가 냉각·압축되어 액체로 변하는 현상. 또는 그렇게 만드는 일.

*기화: 액체가 기체로 변함. 또는 그런 현상.

지문 정보 확인

1. 냉장고는 열을 외부로 배출하여 식품을 냉각한다. ( )

2. 기체 상태의 냉매는 압력을 받으면 온도가 상승한다. ( )

3. 응축기에서 냉매는 두 번째 상변화를 겪는다. ( )

1 [A]를 바탕으로 〈보기〉를 이해한 내용으로 적절한 것은?

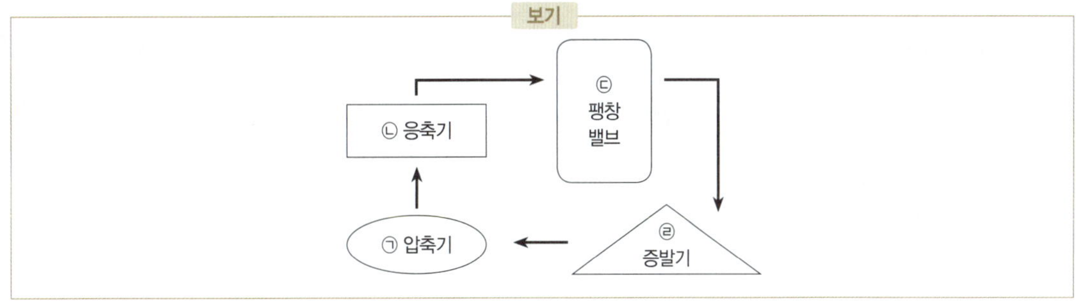

① ⓗ은 냉매를 만들어 내는 곳으로 냉장고 소음의 원인이 된다.
② ⓛ에서 열을 흡수한 냉매는 기체로 상변화한다.
③ ⓛ에서는 압력의 하락으로 인해 온도가 상승하여 냉매의 상태에 영향을 미친다.
④ ⓒ에서는 온도와 압력이 변화하여 액체–기체 혼합물 형태의 냉매가 ⓔ로 이동한다.
⑤ ⓔ에서는 기존의 냉매를 새로운 냉매로 교체하여 ⓗ으로 공급한다.

2 윗글의 '냉장고'와 〈보기〉의 '에어컨'을 비교한 내용으로 적절한 것은?

> 보기
>
> 　그렇다면 에어컨은 어떤 원리로 작동되는 것일까? 에어컨은 기화열을 이용해서 실내의 열을 외부로 퍼내는 장치이다. 즉 에어컨은 냉매로 기화를 일으켜 제한된 공간의 열을 흡수하는 것이다. 냉매는 원래 가스 상태인데 에어컨에 내장된 '압축기'에 의해 압축되면서 액체로 변한다. 에어컨이 공기를 차갑게 만드는 기술은 이 액화된 냉매에서 본격적으로 이루어진다. 에어컨 안의 '증발기'라는 장치가 이 액체 상태의 냉매를 기체로 증발시킴으로써 기화열을 일으킨다. 즉 냉매가 기화되면서 주변 열이 흡수되기 때문에 온도가 낮아지는 것이다. 이때 에어컨 내부의 날개가 돌아가면서 바람을 내보내면, 마치 차가운 바람이 만들어져 나오는 느낌이 든다. 이는 팔에 알코올을 바른 뒤 입으로 불면 차가운 바람이 느껴지는 것과 같은 원리이다.

① 냉장고와 에어컨은 모두 액체 상태의 냉매를 이용한다.
② 냉장고와 에어컨은 모두 내·외부의 열을 흡수하여 냉매의 온도를 낮춘다.
③ 냉장고와 에어컨은 모두 상이한 냉매의 증발 속도를 이용하여 공기를 냉각한다.
④ 냉장고는 응축기에서 상변화가 일어나지만, 에어컨은 압축기에서 상변화가 일어난다.
⑤ 냉장고는 기체로의 상변화 과정에서 열을 흡수하여 온도를 낮추지만, 에어컨은 증발기 가동 과정에서 발생하는 열을 이용하여 온도를 낮춘다.

[1~10] 보기에서 어휘의 뜻풀이 또는 예문의 ( ) 안에 들어갈 어휘 ㉠~㉤을 찾아 쓰시오.

보기

㉠ 순환　　　㉡ 연상　　　㉢ 양도
㉣ 액화　　　㉤ 천편일률

1 주기적으로 자꾸 되풀이하여 돎.
[　]

2 재산이나 물건을 남에게 넘겨 줌.
[　]

3 하나의 관념이 다른 관념을 불러일으키는 현상.
[　]

4 여러 시문의 격조(格調)가 모두 비슷하여 개별적 특성이 없음.
[　]

5 기체가 냉각·압축되어 액체로 변하는 현상. 또는 그렇게 만드는 일.
[　]

6 회사에 특허를 ( )하다.
[　]

7 해가 바뀌고 계절은 ( )을/를 계속하고 있다.
[　]

8 집채들이 물에 잠긴 모습을 보고 노아의 홍수를 ( )했다.
[　]

9 ( ) 석유 가스 수입값이 급등하고 있다.
[　]

10 모두가 규격적이요 ( ) 적이다.
[　]

[11~15] 다음에서 설명하는 어휘가 무엇일지 주어진 낱자를 활용하여 쓰시오.

11 냉동기 따위에서, 저온 물체로부터 고온 물체로 열을 끌어가는 매체.

12 부풀어서 부피가 커짐.

13 같은 현상이나 특징이 한 번 나타나고부터 다음번 되풀이되기까지의 기간.

14 다른 사람이나 개체와 구별되는 고유의 특성.

15 다른 사람의 말이나 행동, 형편 따위를 잘 알아서 긍정하고 이해함.

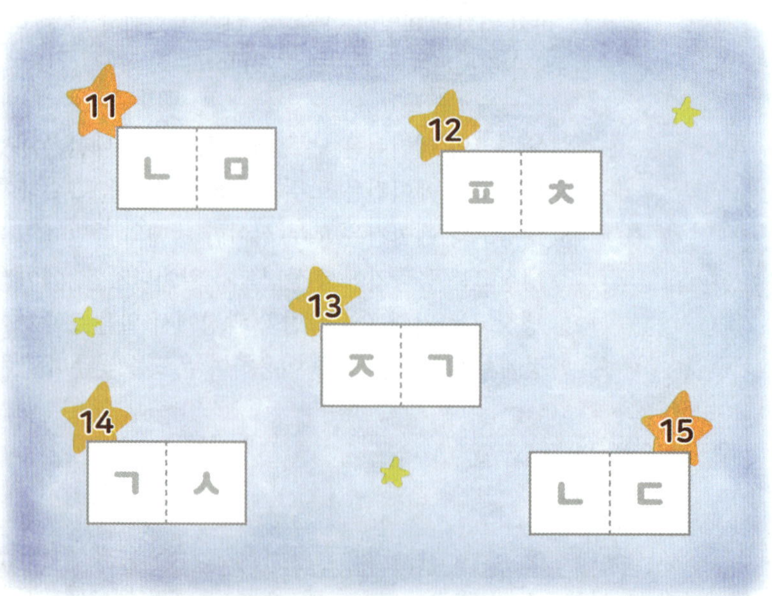

어휘 특강

● 접속 부사의 이해 ●

접속 부사

앞말을 뒤에 나오는 말에 이어 주면서 뒤의 말을 꾸며 주는 부사. 접속 부사의 의미를 알면 글의 의미를 더 쉽고 정확하게 파악할 수 있다.

- **그리고**: 단어, 구, 절, 문장 따위를 병렬적으로 연결할 때 쓰는 접속 부사
- **그러나**: 앞의 내용과 뒤의 내용이 상반될 때 쓰는 접속 부사
- **그런데**: 화제를 앞의 내용과 관련시키면서 다른 방향으로 이끌어 나갈 때 쓰는 접속 부사
- **그러니까**: 앞의 내용이 뒤의 내용의 이유나 근거 따위가 될 때 쓰는 접속 부사
- **하지만**: 서로 일치하지 아니하거나 상반되는 사실을 나타내는 두 문장을 이어 줄 때 쓰는 접속 부사

핵심 내용 예측하기

독해 방법 Q&A

> **"선생님, '추론'을 잘하려면 어떻게 해야 하나요?"**

글 속에는 생략된 정보, 의도 및 목적, 숨겨진 주제 등 글쓴이가 숨겨 놓은 정보가 있는데, 그걸 찾는 독서 방법이 '추론적 독해'란다. 추론적 독해는 그냥 이루어지는 것이 아니야. 글에 제시된 정보를 있는 그대로 파악하는 '사실적 독해'가 추론적 독해의 기반이 된단다. 따라서 숨겨진 정보를 찾기 위해서는 글 속의 정보들을 잘 조합하여 이를 근거로 삼아야 한다는 점을 기억해야 해!

학습 점검표 **STUDY 06**의 지문과 문제를 잘 학습했는지 체크한 후, 부족한 부분이 있다면 앞으로 돌아가서 다시 살펴보자~!

지문/문제	나의 체크			보완할 부분
정폭 도형	○ 1회독 ○ 2회독 이상	○ 내용 ○ 지문 구조 ○ 어휘		
	1	○ 맞힘 ○ 틀림	○ 내용 ○ 개념&유형 ○ 어휘	
	2	○ 맞힘 ○ 틀림	○ 내용 ○ 개념&유형 ○ 어휘	
냉장고 속 열의 이동	○ 1회독 ○ 2회독 이상	○ 내용 ○ 지문 구조 ○ 어휘		
	1	○ 맞힘 ○ 틀림	○ 내용 ○ 개념&유형 ○ 어휘	
	2	○ 맞힘 ○ 틀림	○ 내용 ○ 개념&유형 ○ 어휘	

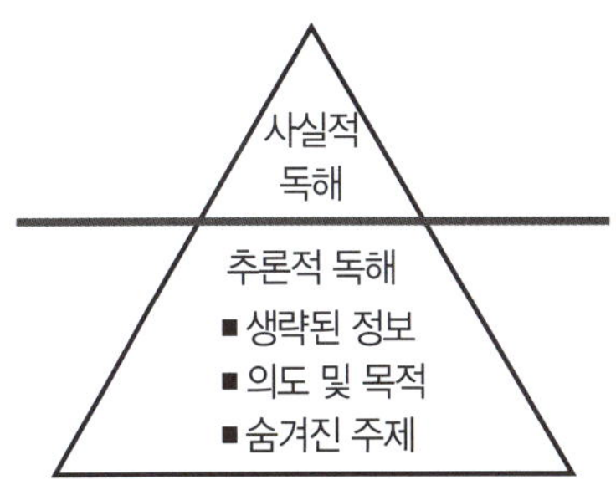

처음에 찍은 답은 바꾸지 말아야 할까?

지문 구조&정답 및 해설 028쪽

읽기 맥락을 통한 내용 예측하기

* **고수:** 차지한 물건이나 형세 따위를 굳게 지킴.

* **직감:** 사물이나 현상을 접하였을 때에 설명하거나 증명하지 아니하고 진상을 곧바로 느껴 앎. 또는 그런 감각.

* **통념:** 일반적으로 널리 통하는 개념.

* **반하다:** 반대가 되다.

* **가상:** 사실이 아니거나 사실 여부가 분명하지 않은 것을 사실이라고 가정하여 생각함.

* **성향:** 성질에 따른 경향.

* **관성:** 물체가 밖의 힘을 받지 않는 한 정지 또는 등속도 운동의 상태를 지속하려는 성질.

지문 정보 확인

1. 객관식 문제를 풀 때에는 처음에 찍은 답을 유지하는 것이 좋다.
( )

2. 사람들은 포기할 때 입을 손실을 포기하여 얻을 이익보다 더 크게 느낀다.
( )

3. 쿠르거의 실험에서 답을 바꾸어 점수를 얻은 학생은 답을 바꾸어 틀린 학생보다 35% 많았다.
( )

객관식 문제를 풀 때 두 개의 선택지 중 무엇이 답인지 헷갈렸던 경험은 누구나 있을 것이다. 이럴 때 처음에 찍었던 답을 고수해야 할까, 아니면 다른 답으로 바꿔 써야 할까? 아마도 많은 사람이 '처음에 찍은 답이 맞을 확률이 높다'고 이야기할 것이다. 하지만 진짜 그럴까?

결론적으로 말해, 그런 믿음은 ㉠옳지 않다. 직감으로 찍은 최초의 답을 고수하는 것은 대개 불리하다. 70년이 넘는 기간 동안 Ⓐ이를 지지하는 연구 결과가 여러 학자에 의해 계속해서 제시됐다. 그럼에도 불구하고 '처음에 찍은 답을 고수하는 게 유리하다'는 통념이 ㉡바뀌지 않는 게 신기하다. 그래서 심리학자 저스틴 쿠르거는 '최초 직감의 오류'라고 불리는 일종의 미신을 밝혀내기 위해 실험을 설계했다.

그는 '심리학' 과목을 신청한 대학생 1,561명의 시험 결과를 분석했다. 학생들은 처음에 적은 답을 다른 답으로 바꾸기 위해서 '지우기 마크'에 표시를 해야 했다. 학생들이 어떤 문항의 답을 교체했는지, 그리고 교체한 답이 정답인지 파악하기 위한 장치였다.

학생들은 총 3,291개 문항의 답을 교체했는데, 고친 답 중 25%는 오답이었고 51%는 정답이었다. 나머지 23%는 처음의 답과 나중에 선택한 답 모두 오답인 경우였다. 문항 단위가 아니라 학생 단위로 분석하니 답을 바꿈으로써 맞은 학생은 54%, 틀린 학생은 19%였다. 이것으로 처음의 직감에 반하는 답으로 바꾸는 것이 두 배나 유리하다는 사실이 다시 한 번 증명되었다. 그렇지만 학생들은 여전히 최초 직감의 오류에 빠져 있었다. 학생들에게 처음의 답이 맞을 가능성과 교체한 답이 맞을 가능성을 질문하니 75%의 학생이 처음의 답이 정답일 가능성이 높다고 답했다.

쿠르거는 '처음의 답을 고수하는 것이 유리하다'는 생각을 갖는 원인을 파악하기 위해서 학생들에게 1번 문제는 처음의 답을 ㉢바꿔서 틀렸고, 2번 문제는 처음의 답을 고수해서 틀렸다는 가상의 상황을 제시했다. 그런 다음, 어떤 경우가 더 후회스러운지를 질문했다. 대부분은 '답을 바꾸는 바람에 틀린 것'을 '답을 고수하여 틀린 것'보다 더 안타까워했다.

쿠르거는 이러한 경향을 인간의 '손실 회피' 성향과 연결해 ㉣설명한다. 최초에 선택한 답을 '포기할 때 입을 손실'을 '포기하여 얻을 이득'보다 더 크게 느낀다는 것이다. 답을 바꿔서 틀렸던 경험이 답을 바꿔서 맞았던 경험보다 더 강렬하게 기억되는 법이니까 말이다. 최초 직감의 오류는 두 가지 대안 중 하나를 결정할 때 ㉤범할 수 있는 심리적 오류 중 하나이다. Ⓑ이는 처음에 선택한 대안에 확신이 없어도, 다른 대안으로 바꿀까 고민이 되어도, 최초의 대안을 고수하려는 인간의 관성을 설명해 준다.

1 윗글의 서술 방식에 대한 설명으로 적절하지 <u>않은</u> 것은?

① 구체적인 수치 자료를 활용하여 신뢰감을 높이고 있다.
② 질문을 던져 독자의 흥미를 유발하고, 그 질문에 답하고 있다.
③ 핵심 개념에 대한 정의를 내리고, 이에 대한 전망을 제시하고 있다.
④ 사람들이 일반적으로 하는 생각이 옳지 않음을 근거를 들어 밝히고 있다.
⑤ 현상의 원인을 밝히기 위해 시행한 실험의 과정과 결과를 보여 주고 있다.

읽기 맥락을
통한 내용
예측하기

2 Ⓐ와 Ⓑ가 지시하는 내용으로 가장 적절한 것은?

	Ⓐ	Ⓑ
①	처음에 찍은 답을 바꾸면 틀린다.	최초 직감의 오류
②	처음에 찍은 답이 맞을 확률이 높다.	손실 회피 성향
③	사람들은 최초의 대안을 고수하려고 한다.	포기할 때 입을 손실
④	직감으로 찍은 최초의 답을 고수하는 것은 대개 불리하다.	최초 직감의 오류
⑤	처음의 직감에 반하는 답으로 바꾸는 것이 두 배 유리하다.	손실 회피 성향

3 문맥상 ㉠~㉤과 바꿔 쓰기에 적절하지 <u>않은</u> 것은?

① ㉠: 타당하지
② ㉡: 달라지지
③ ㉢: 수정해서
④ ㉣: 제안한다
⑤ ㉤: 저지를

관악기의 개념과 특성

지문 구조 & 정답 및 해설 030쪽

빈 병의 입구를 입으로 불어 본 적이 있는가? 아니면 빈 병에 빨대를 꽂아 빨대 구멍을 입으로 불어 본 적이 있는가? 그렇게 하면 분명 소리가 날 것이다. 속이 빈 물체에 입김을 불어 넣으면 그 속에서 공기가 진동하기 때문이다.

관악기는 기본적으로 한쪽 끝에 취구가 있고 속이 텅 빈 관의 형태를 띠고 있다. 연주자가 취구를 입으로 불면 공기가 관 속에서 진동하면서 소리를 낸다. 현악기에서 현의 길이가 짧을수록 더 높은 음이 나고 현의 길이가 길수록 더 낮은 음이 나는 것처럼, 관악기에서는 관의 길이가 음의 높낮이에 영향을 미친다. 그래서 긴 관을 불면 낮은 음이 나고 짧은 관을 불면 높은 음이 난다.

관현악에서 음역이 가장 높은 관악기인 피콜로와 음역이 가장 낮은 관악기인 더블 바순의 길이를 비교해 보면 그 차이를 쉽게 알 수 있다. 피콜로는 길이가 겨우 31cm에 불과하지만 더블 바순은 길이가 무려 5.6m에 달해 연주하기 편하도록 관을 네 번 구부린다.

관악기는 목관 악기와 금관 악기로 나뉜다. 목관 악기에는 플루트, 피콜로, 오보에, 클라리넷, 바순, 더블 바순 등이 있고, 금관 악기에는 트럼펫, 트롬본, 튜바, 프렌치 호른 등이 있다. 그런데 이름 때문에 목관 악기와 금관 악기를 잘못 이해하는 사람들이 많다. 목관 악기 중에는 나무로 만들어진 것도 있지만 금속으로 만들어진 것도 있다. 물론 초기의 금관 악기도 금속 외에 나무, 뿔, 점토를 비롯한 다양한 재료로 만들어졌다. 관악기를 이 두 가지로 나누는 기준은 만드는 재료가 아니라 연주하는 방식에 있다.

목관 악기를 대표하는 플루트는 한쪽 끝에 취구가 있고 음조를 이루는 구멍이 여러 개 뚫려 있다. 그 구멍들을 손가락으로 막는다고 해서 '지공'이라고 부르는데, 손가락으로 지공을 여닫으면 음에 변화를 줄 수 있다. 지공을 모두 막으면 가장 낮은 음이 나고, 그 상태에서 맨 밑의 지공 하나를 열면 공기가 지공 밖으로 빠져 나가 공명관의 길이가 짧아져 더 높은 음이 난다.

목관 악기는 취구 속으로 입김을 곧장 불어 넣거나 취구 주위를 불어서 소리를 내는 반면, 금관 악기는 입술을 진동하여 소리를 낸다. 입술을 진동하면 관 속의 공기도 함께 진동하기 때문이다. 관현악에서 금관 악기군에 편성되는 악기들은 모두 금속으로 만들어졌지만, 그보다 더 중요한 공통점은 바로 취구의 모양이 컵처럼 생겼다는 것이다. 그래서 금관 악기와 목관 악기의 구분은 만드는 재료가 아니라 연주하는 방식에 따라 결정된다. 목관 악기와 달리 현대 금관 악기에는 밸브가 달려 있어, 연주자가 밸브를 아래로 잡아당기면 관의 길이가 길어져 음조가 낮아진다.

＊**진동:** 물체가 몹시 울리어 흔들림. 또는 물체 따위를 흔듦.

＊**취구:** 나팔, 피리, 취관(吹管) 따위에서 입김을 불어 넣는 구멍.

＊**관현악:** 관악기, 타악기, 현악기 따위로 함께 연주하는 음악.

＊**음조:** 소리의 높낮이와 강약, 빠르고 느린 것 따위의 정도.

＊**편성:** 예산·조직·대오 따위를 짜서 이룸.

지문 정보 확인

1. 관악기는 관의 길이가 길수록 높은 음이 난다. (　　)

2. 관악기를 목관 악기와 금관 악기로 나누는 기준은 악기를 만드는 재료이다. (　　)

3. 목관 악기의 지공을 여닫으면 음의 높낮이에 차이가 생긴다. (　　)

1 윗글을 통해 답할 수 있는 질문이 <u>아닌</u> 것은?

① 금관 악기의 종류에는 무엇이 있는가?
② 목관 악기에서 낮은 음을 연주하는 방법은 무엇인가?
③ 악기에 따라 관현악을 구성하는 방법은 어떻게 다른가?
④ 속이 비어 있는 병을 불면 소리가 나는 이유는 무엇인가?
⑤ 관악기 중 더블 바순의 관이 구부러져 있는 이유는 무엇인가?

2 윗글을 바탕으로 〈보기〉를 설명한 내용으로 가장 적절한 것은?

보기

　현대 트럼펫에는 밸브가 세 개 달려 있다. 연주자가 밸브 하나를 아래로 잡아당기면 관의 길이가 길어진다.

(가) 평상시의 트럼펫

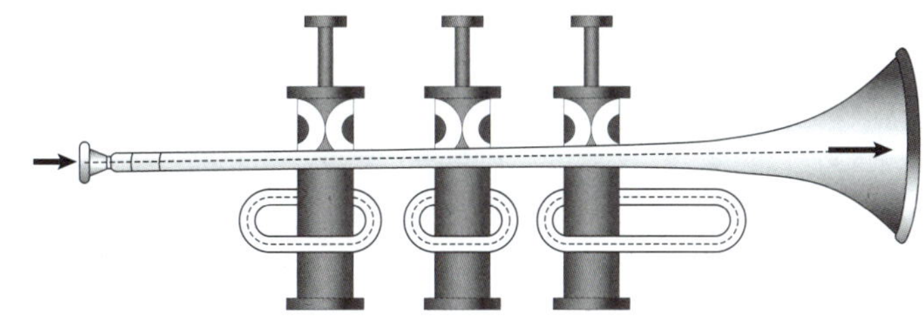

(나) 첫 번째 밸브를 잡아당긴 모습

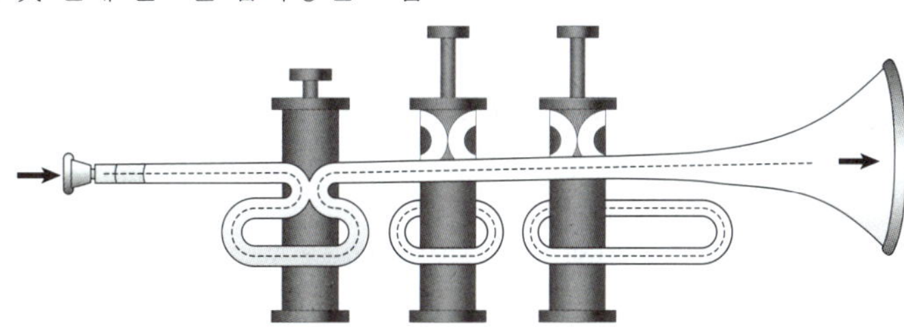

① 관의 길이가 길어질수록 더 높은 소리가 날 것이다.
② 트럼펫의 밸브는 관의 길이를 조절하는 역할을 한다.
③ 트럼펫의 취구는 입김을 곧장 불어 넣기에 유리하게 생겼다.
④ 트럼펫 외에 플루트, 피콜로 등도 위와 같은 방식으로 연주할 수 있다.
⑤ 연주자가 숨을 불어 넣으면 트럼펫의 관 속의 공기는 진동을 하지 않는다.

어휘 확인

[1~5] 어휘의 뜻풀이와 어휘 ㉠~㉤을 바르게 연결하시오.

[6~10] 예문의 ( ) 안에 들어갈 어휘 ㉠~㉤을 바르게 연결하시오.

뜻풀이	어휘	예문
1 일반적으로 널리 통하는 개념.	㉠ 통념	**6** 학생은 다섯 명에 ( ).
2 성질에 따른 경향.	㉡ 고수하다	**7** 사회적 ( )을/를 깨다.
3 차지한 물건이나 형세 따위를 굳게 지키다.	㉢ 성향	**8** 두 사람의 사이가 아주 ( ).
4 그 수량에 지나지 아니한 상태이다.	㉣ 밀접하다	**9** 그는 개인주의적 ( )이/가 강하다.
5 아주 가깝게 맞닿아 있다. 또는 그런 관계에 있다.	㉤ 불과하다	**10** 강경한 태도를 ( ).

[11~15] 보기 의 글자들을 조합하여 다음 뜻풀이에 해당하는 단어를 만드시오.

보기

11 어떤 일에 대처할 방안. →

12 잃어버리거나 축가서 손해를 봄. 또는 그 손해. →

13 그릇되어 이치에 맞지 않는 일. 사유의 혼란, 감정적인 동기 때문에 논리적 규칙을 소홀히 함으로써 저지르게 되는 바르지 못한 추리. →

14 물체가 몹시 울리어 흔들림. 또는 물체 따위를 흔듦. →

15 엮어 모아서 책·신문·영화 따위를 만듦. 예산·조직·대오 따위를 짜서 이룸. →

어휘 특강

소리는 같지만 뜻이 다른 단어를 동음이의어(同音異義語)라고 한다.

| 바르다¹ 동사 | ← 동음이의어 → | 바르다³ 형용사 |

바르다¹ 동사

다의어

❶ 풀칠한 종이나 헝겊 따위를 다른 물건의 표면에 고루 붙이다.
　예 벽에 벽지를 **바르다**.

❷ 차지게 이긴 흙 따위를 다른 물체의 표면에 고르게 덧붙이다.
　예 흙을 벽에 **바르다**.

❸ 물이나 풀, 약, 화장품 따위를 물체의 표면에 문질러 묻히다.
　예 상처에 약을 **바르다**.

두 가지 이상의 뜻을 가진 단어를 다의어(多義語)라고 한다.

바르다

바르다³ 형용사

다의어

❶ 겉으로 보기에 삐뚤어지거나 굽은 데가 없다.
　예 의자에 **바르게** 앉아라.

❷ 말이나 행동 따위가 사회적 규범이나 사리에 어긋나지 않고 들어맞다.
　예 그는 늘 몸가짐이 **바르다**.

독해 방법 Q&A

" 선생님, 추론은 어떻게 해야 하나요? "

글쓴이는 글을 쓸 때 독자가 알고 있을 것이라고 생각하는 정보는 생략한단다. 따라서 글의 의미를 잘 이해하기 위해서는 글쓴이가 생략한 내용이나 암시한 내용을 미루어 짐작할 수 있어야 해. 추론을 할 때에는 자신이 알고 있는 배경지식을 적극적으로 활용해야 하고, 동시에 글 속에 사용된 지시어나 접속어도 활용해야 한단다. 또 글의 앞뒤 문맥을 잘 살피는 것도 추론을 위한 힌트가 될 수 있지. 문제에서는 글쓴이의 생각을 적용하여 추론해 볼 수 있는 또 다른 사례가 등장하기도 하니까, 글의 내용을 정확히 이해하는 것이 추론을 위한 밑바탕이 되겠지.

| 배경지식 활용하기 |
| ↓ |
| 지시어, 접속어 활용하기 |
| ↓ |
| 앞뒤 문맥 살피기 |

학습 점검표

STUDY 07 의 지문과 문제를 잘 학습했는지 체크한 후, 부족한 부분이 있다면 앞으로 돌아가서 다시 살펴보자~!

지문/문제	나의 체크				보완할 부분
처음에 찍은 답은 바꾸지 말아야 할까?	○ 1회독　○ 2회독 이상	○ 내용　○ 지문 구조　○ 어휘			
	1	○ 맞힘　○ 틀림	○ 내용　○ 개념&유형　○ 어휘		
	2	○ 맞힘　○ 틀림	○ 내용　○ 개념&유형　○ 어휘		
	3	○ 맞힘　○ 틀림	○ 내용　○ 개념&유형　○ 어휘		
관악기의 개념과 특성	○ 1회독　○ 2회독 이상	○ 내용　○ 지문 구조　○ 어휘			
	1	○ 맞힘　○ 틀림	○ 내용　○ 개념&유형　○ 어휘		
	2	○ 맞힘　○ 틀림	○ 내용　○ 개념&유형　○ 어휘		

내용 예측 연습하기

*유혹: 남을 꾀어서 그릇된 마음을 품거나 그릇된 행동을 하게 함.

*고려: 생각하고 헤아려 봄.

*의사: 무엇을 하고자 하는 생각. 뜻.

*동기: 의사 결정이나 어떤 행위의 직접적인 원인. 계기.

*원리: 사물의 기본이 되는 이치나 법칙. 원칙.

지문 정보 확인

1. 둘 중에 하나를 선택해야 할 때, 자신이 선택한 대상의 가치가 기회비용이다. (　　)

2. 경제 행위에 있어 기회비용은 아주 중요한 요소로 볼 수 있다. (　　)

3. 자신의 선택으로 얻은 이익이 기회비용보다 작으면 선택을 잘했다고 할 수 있다. (　　)

선택과 기회비용

지문 구조&정답 및 해설 032쪽

　나이가 많아서 사냥을 제대로 하지 못하는 사자가 있었다. 어느 날 사자는 나무 밑에서 잠을 자고 있는 토끼를 발견하고 살금살금 기어가다가 아주 가까운 곳에서 풀을 먹고 있는 사슴을 발견했다. 사자는 토끼와 사슴 중 무엇을 사냥해야 좋을지 잠시 망설이다가 덩치가 커서 먹을 것이 많은 사슴을 사냥하기로 했다. 사자는 있는 힘을 다해 사슴을 쫓았지만 발이 빠른 사슴을 잡을 수 없었다. 어쩔 수 없이 사슴을 포기한 사자는 토끼가 자고 있던 나무로 갔지만 토끼는 이미 사라져 버리고 없었다.

　때때로 인간은 이 사자와 비슷하게 행동한다. 작은 이익보다는 큰 이익에 유혹당해서 비교적 쉽게 가질 수 있는 것조차 갖지 못하고 후회하는 경우가 있다. 경제 행위는 선택의 연속이다. 그리고 이 선택은 곧 다른 것을 포기한다는 뜻이다. 선택을 할 때 반드시 고려해야 하는 것이 '기회비용'이다. 기회비용은 '하나를 선택함으로써 포기해야 하는 것의 가치'로 경제에서 가장 기본이 되는 중요한 원칙이다. 경우에 따라서는 선택할 수 있는 가짓수가 세 가지 이상이 될 수도 있는데, 이럴 때는 하나를 선택하면서 포기해야 하는 나머지 기회들 중에서 가치가 가장 높은 것이 기회비용이 된다. 다시 말해 기회비용은 포기해야 하는 여러 가지 기회 중에 가장 가치가 높은 것이라고 할 수 있다.

　사자에게 사슴에 대한 기회비용은 토끼였다. 토끼와 사슴 중에 먹잇감으로는 사슴이 더 좋았다. 그래서 사자는 사슴을 쫓았다. 하지만 다 잡아 놓은 격인 토끼를 잃어버렸을 경우의 기회비용은 따져 보지 않았다. 사자의 손해는 사슴을 놓친 것에서 끝나지 않는다. 거기에 사슴을 택한 대신 토끼를 놓치게 된 것도 더해진다. 결국 토끼라는 기회비용까지 합해 이중으로 손해를 본 것이나 마찬가지이다.

　기회비용은 의사 결정이나 행동, 어떤 선택을 하는 동기를 설명해 주는 중요한 원리이다. 자신의 선택으로 얻은 이익이 기회비용보다 크면 잘한 것이라고 볼 수 있지만 반대의 경우라면 잘하지 못한 것이 된다. 그래서 경제 행위를 할 때에는 일반적인 비용과 더불어 그것을 선택함으로써 잃게 되는 기회비용도 꼭 생각해야 한다.

　어느 돈 많은 부자가 10억 원을 가지고 연 4% 이자를 주는 은행에 예금을 할까, 공장을 지을까 고민하다가 공장을 짓기로 결정했다. 이 공장은 옷을 생산해 매년 3,000만 원을 벌어들였다. 그렇다면 공장을 지은 것이 잘한 행동일까? 그렇지 않다. 만약 10억 원을 은행에 넣어 두었더라면 매년 4,000만 원의 이자를 받을 수 있었을 것이다. 이때 공장을 지은 10억 원에 대한 기회비용은 예금 이자 4,000만 원이다. 결국 이 부자는 매년 3,000만 원을 버는 게 아니라, 오히려 1,000만 원을 손해 본 셈이다.

1 윗글에 사용된 글쓰기 전략이 <u>아닌</u> 것은?

① 글의 핵심이 되는 용어의 개념을 정의하고 있다.
② 구체적인 사례를 들어 중심 화제에 대한 이해를 돕고 있다.
③ 중심 화제와 대조적 의미를 지닌 대상을 제시하여 비교하고 있다.
④ 물음의 방식을 통해 중심 화제에 대한 독자의 관심을 환기하고 있다.
⑤ 예화를 통해 중심 화제가 지니고 있는 가치의 중요성을 설명하고 있다.

2 윗글을 바탕으로 〈보기〉의 상황을 이해한 내용으로 적절하지 <u>않은</u> 것은?

보기

(가) 영희는 지금 배가 너무 고픈데 가지고 있는 돈이 2,000원밖에 없다. 2,000원으로 떡볶이, 순대, 튀김 중 하나를 살 수 있는데, 떡볶이를 먹었을 때 포만감이 100%, 순대를 먹었을 때 포만감이 92%, 튀김을 먹었을 때 포만감이 50%여서 영희는 떡볶이를 사 먹었다.

(나) 철수는 휴대폰과 공부에 도움이 되는 전자사전을 갖고 싶어 용돈을 꾸준히 모았는데, 돈이 모자라서 두 가지를 모두 살 수가 없었다. 결국 철수는 공부에 도움이 되는 전자사전을 먼저 구입하였다.

(다) ○○ 회사에 다니는 민수는 회사에서 1억 5천만 원의 연봉을 받고 있는데, 회사를 그만 두고 피자 가게를 차리려고 한다. 그런데 피자 가게의 예상 매출액은 연 5억 원이고, 인건비와 건물 임대료, 재료비 등의 합계는 연 4억 원으로 예상된다.

① (가)에서 떡볶이에 대한 기회비용은 순대이다.
② (가)에서 영희가 순대를 선택했다면 기회비용은 튀김이다.
③ (나)에서의 기회비용은 휴대폰이다.
④ (다)에서 피자 가게를 차리려고 하는 것에 대한 기회비용은 연봉 1억 5천만 원이다.
⑤ (다)에서 기회비용을 고려한다면 민수는 잘못된 선택을 한다고 볼 수 있다.

매장: 물건을 사고파는 하나하나의 장.

가름: 승부나 등수 따위를 정하는 일.

판촉: 소비자들의 소비 욕구를 불러일으키고 자극함으로써 판매가 늘도록 하는 모든 활동.

개연성: 절대적으로 확실하지 않으나 아마 그럴 것이라고 생각되는 성질.

동선: 건축물의 안과 밖에서, 사람이나 물건이 이동하는 자취나 방향을 나타내는 선.

탁월: 다른 대상보다 두드러지게 뛰어남.

'진열의 과학' 혹은 '진열의 마법'이 편의점 매출에 끼치는 영향은 매우 크다. 어떤 상품을 어떤 위치에 어떤 높이로 얼마만큼 진열하는가 하는 문제는 전통 시장이나 백화점, 할인 매장 등 어디에서나 중요하겠지만, 편의점에서 특히 더 그런 편이다. 편의점은 대형 매장이 아니라 소규모 매장이므로 고객이 매장 내 모든 지점을 둘러보기가 한결 쉽기 때문이다. 편의점에서는 목적 구매 제품 못지않게 충동구매 제품도 많이 팔리기 때문에 매장 내의 구성과 상품의 배치가 마케팅 전략의 성패를 가름하는 경향이 있다. 요컨대 편의점에서 구매를 하는 것은 평상시 광고나 판촉에 의해서라기보다 상품에 대한 현장 체험일 개연성이 높다는 점에서 편의점은 '체험 경제'의 대표적 공간이다.

편의점에서는 고객의 동선과 시선을 고려한 이른바 '골든 존의 법칙'이 적용된다. 일반적으로 성인 고객들의 눈에 가장 잘 띄기 쉽고 손으로 잡기 편한 위치인 보통 120cm 높이에서 좌우로 지나가는 시선의 중간이 편의점의 골든 존으로, 여기에 핵심 상품을 진열해 매출을 극대화시킨다. 그리고 연관 상품을 같은 장소에 배치하는 것을 '연관 진열'이라고 하는데, 샌드위치와 우유, 술과 안주 등 함께 구매하기 쉬운 상품은 가까운 거리에 나란히 배치한다.

또한 안정감을 고려하여 부피가 크거나 무게가 나가는 상품은 하단에, 작거나 가벼운 상품은 상단에 배치하는 '트라이앵글 법칙'이나 전략 상품을 좌우로 나란히 여러 개 진열하여 고객의 시선을 끌어당기고자 하는 '페이스(face) 원칙', 유통 기한 관리를 위해 유통 기한이 짧은 상품을 앞쪽에, 긴 상품을 뒤쪽에 배치하는 것은 편의점 상품 진열의 기본 원칙이다. 그리고 사람들의 시선이 보통 왼쪽에서 오른쪽으로 이동한다는 점을 감안하여 중앙에서 오른쪽 방향으로 인기 상품이나 전략 상품을 배치하는 것이 일반적이다.

한편 편의점마다 음료 냉장고는 매장 맨 끝에 위치하는 경우가 많은데, 이는 전체 매출의 25%를 차지하는 음료 코너를 매장 깊은 곳에 배치함으로써 최대한 고객의 동선을 늘리기 위한 작전이다. 음료를 사러 들어온 고객이 내친 김에 다른 상품도 구매할 가능성을 높이기 위한 것이다.

편의점은 계산과 고객들의 관리 또한 탁월하다. 일반적으로 편의점에서는 계산대가 출입구 근처 매장의 중심부에 자리 잡는데, 이는 계산이 끝난 고객을 최대한 빠르게 내 보내기 위함이다. 또한 담배, 초콜릿, 복권 등 잘 팔리는 상품을 계산대 주변에 집중 배치하는 것도 계산의 속도를 높이려는 전략적 수법이다.

지문 정보 확인

1. 편의점에서는 충동적으로 상품을 구매하는 경우도 많다.
( )

2. '골든 존의 법칙'과 '연관 진열'은 모두 상품의 매출을 늘리기 위한 전략이다.
( )

3. 동일한 상품이라도 유통 기한이 짧은 상품이 긴 상품보다 뒤쪽에 배치된다.
( )

1 윗글에 대한 이해로 적절하지 <u>않은</u> 것은?

① 사람들의 시선 이동 방향은 편의점의 상품 진열 방식에 영향을 끼친다.
② 상품의 진열 방식이 매출에 끼치는 영향은 백화점보다 편의점이 더 크다.
③ 편의점에서는 목적 구매 제품이 많이 팔리기 때문에 매장 내의 구성 방식이 중요하다.
④ 부피가 크거나 무게가 나가는 상품을 하단에 배치하는 것은 안정감을 부여하기 위해서이다.
⑤ 편의점에서 제품을 구매하는 것에는 광고의 영향보다 매장에서 직접 보는 체험이 더 큰 요인으로 작용한다.

2 윗글을 읽은 독자의 반응으로 적절하지 <u>않은</u> 것은?

① 매출 실적이 좋은 삼각김밥 같은 경우에는 골든 존에 배치되겠군.
② 컵라면과 김치는 연관 상품이므로 가까운 거리에 나란히 배치되겠군.
③ 음료를 구입하러 온 사람은 충동적으로 다른 상품을 구매할 가능성이 높겠군.
④ 같은 우유라도 유통 기한이 짧은 것은 유통 기한이 긴 것보다 앞쪽에 진열되겠군.
⑤ 복권과 같은 상품을 계산대 주변에 배치하는 것은 그 상품에 대한 매출을 늘리기 위한 것이겠군.

[1~10] 〈보기〉에서 어휘의 뜻풀이 또는 예문의 (　) 안에 들어갈 어휘 ㉠~㉤을 찾아 쓰시오.

보기

㉠ 유혹	㉡ 의사	㉢ 원리	㉣ 매출	㉤ 부여

뜻풀이

1 남을 꾀어서 그릇된 마음을 품거나 그릇된 행동을 하게 함. [　]

2 사물의 기본이 되는 이치나 법칙. [　]

3 무엇을 하고자 하는 생각. 뜻. [　]

4 물건 따위를 내다 파는 일. [　]

5 사람에게 권리·명예·임무 따위를 지니게 하거나 사물이나 일에 가치·의의 따위를 붙여 줌. [　]

예문

6 모든 시민에게 동등한 권리를 (　　　)할 예정이다. [　]

7 그는 돈에 (　　　)되어 친구를 속였다. [　]

8 회사의 (　　　)이/가 크게 늘어 특별 보너스가 지급되었다. [　]

9 이번 일은 그의 (　　　)와는 상관없이 결정할 것이다. [　]

10 무조건 외우려고만 하지 말고 (　　　)을/를 먼저 파악하도록 해. [　]

[11~15] 다음에서 설명하는 어휘가 무엇일지 사다리를 연결하고 주어진 낱자를 활용하여 쓰시오.

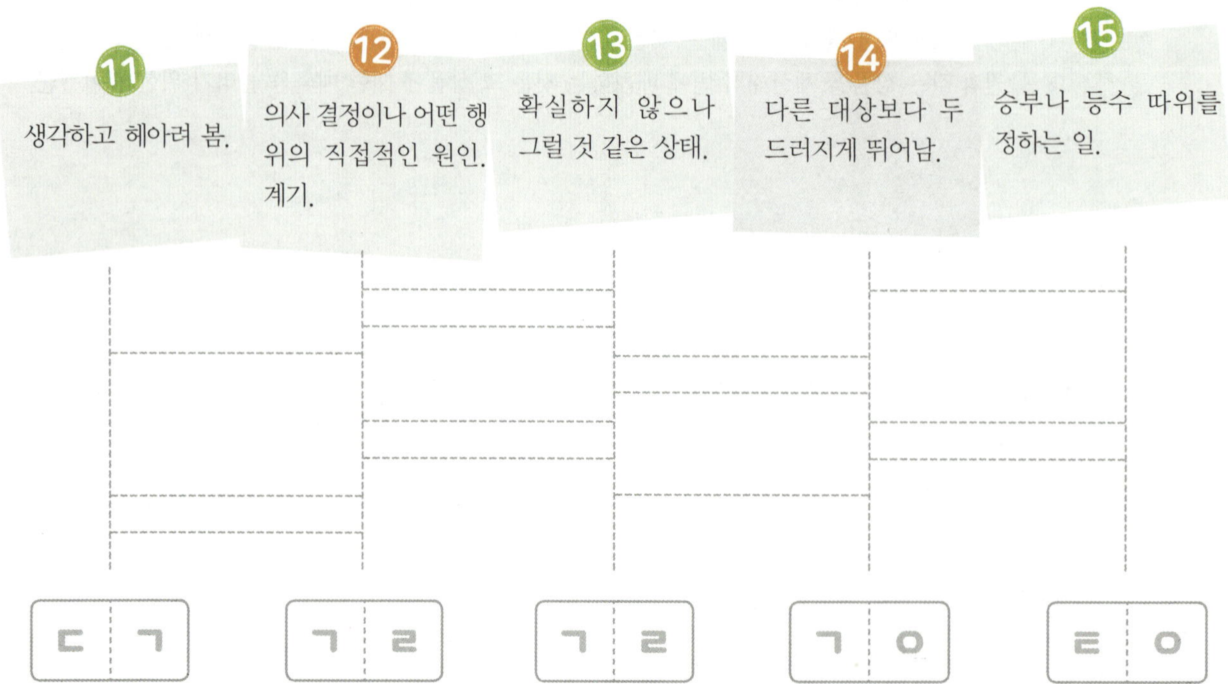

어휘 특강

익숙하다
어떤 대상을 자주 보거나 겪어서 처음 대하지 않는 느낌이 드는 상태에 있다.
예 이사 온 지 며칠 안 돼 그 지역 지리에 익숙하지 않다.

비 낯익다
여러 번 보아서 눈에 익거나 친숙하다.
예 얼굴은 낯익은데 이름이 생각나지 않는다.

비 친숙하다
친하여 익숙하고 허물이 없다.
예 이 소설은 사랑과 우정이라는, 우리에게 친숙한 주제를 다루었다

비 능숙하다
능하고(어떤 일 따위에 뛰어나고) 익숙하다.
예 그는 영어가 능숙하여 외국인과 영어로 대화한다.

반 낯설다
전에 본 기억이 없어 익숙하지 아니하다.
예 그는 처음 보는 사람인데도 전혀 낯설지 않았다.

반 생경하다
익숙하지 않아 어색하다.
예 전혀 낯선 세계의 풍경이 생경한 느낌으로 다가왔다.

반 생소하다
어떤 대상이 친숙하지 못하고 낯이 설다.
예 길이 생소하여 어디가 어딘지 알 수가 없었다.

독해 방법 Q&A 

> " 선생님, 〈보기〉의 구체적 사례나 상황을 바탕으로
> 글의 내용을 추론하는 문제는 어떻게 해결해야 하나요? "

이 유형은 글에 제시되어 있는 일반적이고 추상적인 원리를 선지에 적용하는 문제이므로 우선 글에 제시되어 있는 원리를 찾아 그 세부 내용과 흐름을 정확히 이해해야 한단다. 다음으로 〈보기〉에 제시된 사례나 상황과 관련된 내용을 글에서 찾아 적절성을 판단해야 해. 또 글에 제시된 사례와 유사한 사례가 〈보기〉에 제시되어 있는 경우, 글의 사례를 세부적으로 분석하고, 분석한 내용을 〈보기〉의 사례에 대입하여 내용상 연결이 되는지 여부를 확인해야 한단다.

글에 제시된 원리에 대한 정확한 이해
↓
〈보기〉의 구체적 사례나 상황에 대한 정확한 이해
↓
글의 내용에 대입하여 적절성 판단

학습 점검표

STUDY 08 의 지문과 문제를 잘 학습했는지 체크한 후, 부족한 부분이 있다면 앞으로 돌아가서 다시 살펴보자~!

지문/문제		나의 체크			보완할 부분
선택과 기회비용		○ 1회독　○ 2회독 이상	○ 내용　○ 지문 구조	○ 어휘	
	1	○ 맞힘　○ 틀림	○ 내용　○ 개념&유형	○ 어휘	
	2	○ 맞힘　○ 틀림	○ 내용　○ 개념&유형	○ 어휘	
편의점, 공간의 과학화와 정보화		○ 1회독　○ 2회독 이상	○ 내용　○ 지문 구조	○ 어휘	
	1	○ 맞힘　○ 틀림	○ 내용　○ 개념&유형	○ 어휘	
	2	○ 맞힘　○ 틀림	○ 내용　○ 개념&유형	○ 어휘	

개념 디렉토리

요약 하기

이렇게 긴~ 글을 어떻게 읽을까? 어떻게 이해할까?

길고 복잡해 보이는 글도 정리해 보면 글쓴이가 전달하려는 주제는 한 가지라는 점! 요약하기란 글의 중심 내용을 간략하게 정리하는 것을 말한다. 단순히 글을 짧게 줄이는 것이 아니라, 글의 내용에서 중요한 것을 간추려 중심 내용이 잘 드러나게끔 다시 구성하는 것을 말한다. 글을 읽고 중요한 내용을 요약하는 과정을 통해 글의 내용을 더 정확하게 이해하고, 글쓴이의 의도와 주제를 파악할 수 있다.

요약하기의 방법

- 중심 내용이 분명하게 드러난 문장을 선택한다.
- 덜 중요하거나 반복되는 내용을 삭제한다.
- 구체적인 개념이나 세부 정보를 나타내는 단어가 여러 개라면, 그 단어들을 포괄하는 말로 묶는다.
- 중심 내용이 분명하게 드러난 문장이 없다면, 주요 내용을 바탕으로 하여 중심 내용이 담긴 문장을 새롭게 만든다.

글 전체를 요약하는 방법

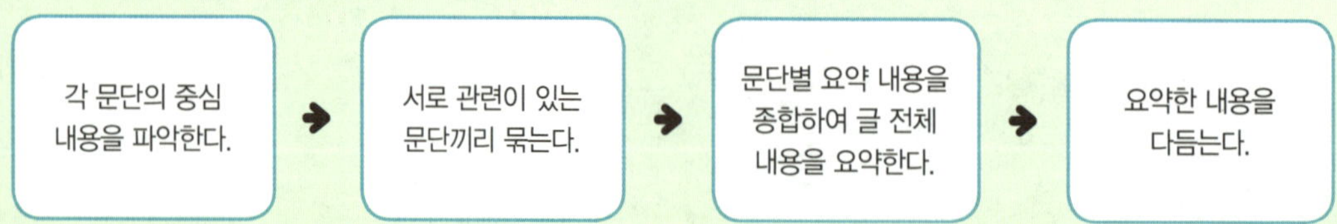

요약하기의 유의점

- 글의 특성을 고려하여 글의 내용을 요약한다.
- 나의 읽기 목적에 따라 글의 내용을 요약한다.

예측
하기

다음에는 무슨 내용이 나올까? 궁금해? 궁금해!

글을 읽기 전 글의 내용이나 글쓴이의 생각, 의도 등을 미리 추측해 보는 것은 적극적이고 능동적인 독서 태도이다. 또한 글의 내용을 예측해 보면서 글을 읽으면 글을 이해하는 데에 훨씬 도움이 되기도 한다. 자신이 가지고 있던 배경지식을 활용해 글의 내용을 예측할 수도 있고, 글을 읽는 목적, 상황, 글의 종류 등 다양한 읽기 맥락을 활용해 가며 글의 내용을 예측할 수도 있다.

예측하기의 방법

- 글의 제목이나 소제목 등을 보고 글의 내용을 예측하며 읽는다.
- 글의 구조를 머릿속에 그리면서 뒤에 이어질 내용을 예측하며 읽는다.
- 글에 제시된 사진, 도표 등의 시각 자료를 통해 글의 내용이나 글쓴이의 의도 등을 예측하며 읽는다.
- 글의 화제에 대한 자신의 배경지식이나 자신이 글을 읽는 상황, 목적 등의 맥락을 고려해 가며 글의 내용을 예측해 본다.

책 전체의 내용을 예측하는 방법

- 자신의 배경지식으로 내용을 예측한다.
- 책의 제목을 바탕으로 내용을 예측한다.
- 표지 그림 등을 바탕으로 내용을 예측한다.
- 책의 차례 등을 통해 전체 내용이나 흐름을 예측한다.

예측하기의 효과

- 글의 내용에 더 집중하면서 글을 능동적으로 읽을 수 있다.
- 글쓴이의 의도를 좀 더 효과적으로 파악하면서 내용을 깊이 있게 이해할 수 있다.

설명 방법 파악하기 - 정의, 예시

📖 지문 구조&정답 및 해설 036쪽

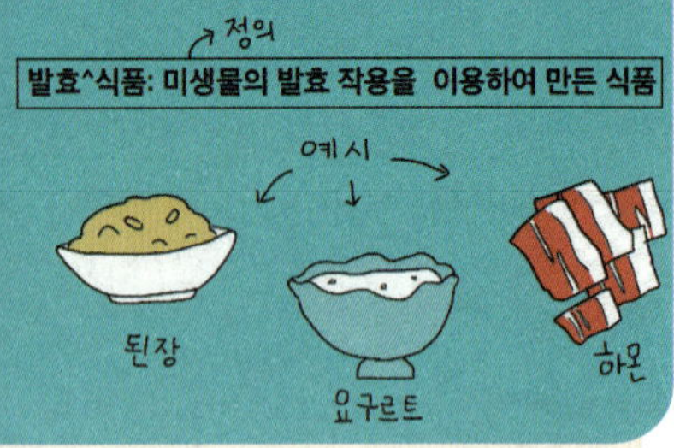

* **지형**: 땅의 생긴 모양이나 형세.
* **동공**: 눈알의 한가운데에 있는, 빛이 들어가는 부분.
* **굴절**: 한 물질에서 다른 물질로 들어갈 때 경계면에서 그 진행 방향이 바뀌는 현상.
* **망막**: 눈알의 가장 안쪽에 있는 맥락막 안에 시각 신경의 세포가 막 모양으로 층을 이룬 부분.
* **세포**: 생물체를 이루는 기본 단위.
* **파장**: 파동에서, 같은 위상을 가진 서로 이웃한 두 점 사이의 거리.
* **보색**: 다른 색상의 두 빛깔이 섞여 하양이나 검정이 될 때, 이 두 빛깔을 서로 이르는 말.
* **인지적**: 자극을 받아들이고, 저장하고, 인출하는 과정과 관련된 것

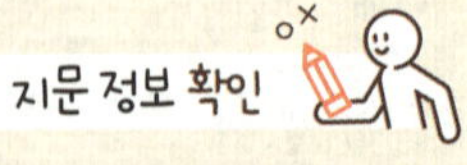

지문 정보 확인

1. 착시 현상이란 사물의 크기나 색깔 등의 성질이 눈으로 보았을 때 실제와 차이가 나는 현상을 말한다. (　)

2. 빨간색을 계속 보면 빨간색 감지 세포의 반응이 강화된다. (　)

3. 착시 현상은 왜곡된 인지 구조에 의해서만 일어난다. (　)

　제주도에는 도깨비 도로라고 불리는 신비한 도로가 있다. 신혼여행을 온 한 부부가 기념사진을 찍으려고 차를 세워 두었는데 차가 슬금슬금 위로 올라가는 게 아닌가. 이 사실이 알려지면서 이 도로는 유명해져 많은 관광객이 몰려들었고, 지금도 제주도를 찾는 사람들은 꼭 한 번 들르는 명소가 되었다. 이 도깨비 도로의 실체는 무엇일까?

　도깨비 도로의 진실은 착시 현상에 있었다. 제주도 도깨비 도로의 경사도를 실제로 조사해 보니 내리막길이었다. 하지만 주변 지형의 영향으로 사람들의 눈에는 오르막길로 보였던 것이다. 이와 같이 사물의 크기나 색깔 같은 성질은 눈으로 보았을 때 본래의 모습과 차이가 나는 경우가 있는데, 이를 착시 현상이라고 한다.

　착시 현상에는 먼저 시각 자체가 착각을 일으키는 물리적 착시 현상이 있다. 사람이 시각을 통해 어떤 물체를 보고 판단하는 것은 단순한 과정이 아니다. 빛이 동공으로 들어와 굴절되어 망막에 도달하면 망막에 있는 세포는 빛의 파장에 다른 반응을 일으킨다. 그런데 이 세포들은 같은 자극을 계속적으로 주면 자극의 강도에 비하여 반응의 강도가 약해진다. 예를 들어 빨간색을 계속 보고 있다가 흰 면을 보면 빨간색의 보색이 보인다. 이것은 빨간색만 계속 보면 망막에 있는 빨간색 감지 세포의 반응이 둔화되고 상대적으로 빨간색과 반대인 파란색 감지 세포가 예민해짐과 관련이 있다. 이러한 상태에서 갑자기 밝은 부분을 응시하면 빨간색 감지 세포가 반응을 약하게 하고, 다른 색 감지 세포가 예민하게 반응하므로 빨간색과 보색 관계에 있는 파란색이 보이게 되는 것이다.

　다음으로는 정보를 받아들이는 과정에서 뇌가 착각을 일으키는 인지적 착시 현상이 있다. 정보는 인지적 과정을 거쳐서 이루어지는 것이므로 외부에서 오는 정보는 변형될 가능성이 있다. 예를 들어 덮개로 덮여 있는 두 양동이를 들어 올린다고 해 보자. 한 양동이는 작지만 모래로 가득 차 있다. 다른 하나는 훨씬 크지만 작은 양동이에 들어 있는 것과 같은 양의 모래가 들어 있다. 이 두 양동이를 들어 무게를 짐작해 보라고 하면 대부분의 사람들은 작은 양동이가 더 무겁다고 할 것이다. 이러한 착오는 양동이의 크기를 보고 작은 양동이가 가벼울 것이라 예상했는데, 생각과는 달리 무거워 놀란 나머지 작은 양동이의 무게를 과대평가하게 되기 때문이다.

　이처럼 착시 현상은 우리의 감각 기관과 인지 구조에 의해서 이루어진다. 주의 깊게 관찰해도 생길 수 있으며, 이는 비정상적이거나 특수한 것이 아니다. 우리는 눈으로 본다고 하지만 우리가 보는 것을 그대로 믿기에는 세상의 정보와 지각된 경험 사이에는 생각보다 큰 차이가 있음을 알 수 있다.

설명 방법
파악하기 -
정의, 예시

1 윗글에 대한 설명으로 가장 적절한 것은?

① 착시 현상의 종류를 소개하고, 각각의 현상에 대해 예시를 통해 설명하고 있다.
② 착시 현상의 원인을 설명하고, 실생활에 미치는 부정적인 영향에 대해 설명하고 있다.
③ 물리적 착시 현상의 원리를 설명하고, 망막의 기능이 약화되고 있는 문제점을 제시하고 있다.
④ 인지적 착시 현상을 일으키는 뇌의 구조를 설명하고, 이러한 현상을 예방하기 위한 대안을 제시하고 있다.
⑤ 착시 현상을 바라보는 다양한 관점을 소개하고, 시간의 흐름에 따라 관점이 어떻게 변화하였는지 설명하고 있다.

2 윗글을 바탕으로 할 때, 〈보기〉의 빈칸에 들어갈 학생의 반응으로 가장 적절한 것은?

보기

선생님: 다음 그림을 살펴보았을 때, 작은 원들에 둘러싸인 원과 큰 원들에 둘러싸인 원 중에 어느 것이 더 클까요?

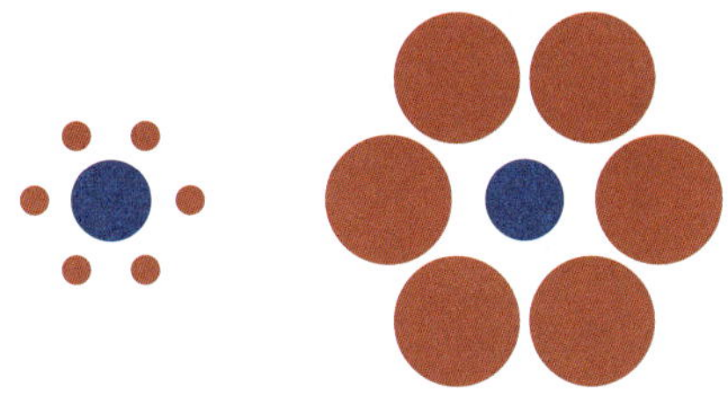

학생: 작은 원들에 둘러싸인 원이 큰 원들에 둘러싸인 원보다 크게 보입니다.
선생님: 네, 하지만 각각의 중심에 있는 두 원의 크기에는 차이가 없습니다. 이러한 착시 현상은 왜 일어날까요?
학생: ____

① 주위를 둘러싸고 있는 빨간색이 망막에 강한 자극을 주기 때문입니다.
② 파란색을 계속 들여다보면 파란색의 감지 세포 반응이 둔화되기 때문입니다.
③ 보색 관계에 있는 빨간색과 파란색이 충돌하여 각각의 감지 세포 기능이 약화되기 때문입니다.
④ 주위를 둘러싸고 있는 원들이 움직인다고 뇌가 착각을 하면서 중심 원이 흔들려 보였기 때문입니다.
⑤ 작은 원들에 둘러싸여 있는 원이 상대적으로 더 커 보이면서 뇌가 정보를 왜곡하여 받아들였기 때문입니다.

가열: 어떤 물질에 열을 가함.
살균: 세균 따위의 미생물을 죽임.
부패: 단백질이나 지방 따위의 유기물이 미생물의 작용에 의하여 분해되는 과정.
보급: 물자나 자금 따위를 계속해서 지원해 줌.
변패: 변질하여 썩음.
증식: 생물이 그 수를 늘려 감.
용이: 어렵지 아니하고 매우 쉬움.
진화: 일이나 사물 따위가 점점 발달하여 감.

참치를 좋아하지 않더라도 누구나 집이나 마트에서 참치 통조림을 본 적은 있을 것이다. 통조림은 고기나 과일 따위의 식료품을 깡통에 넣고 가열·살균한 뒤 밀봉하여 오래 보존할 수 있도록 한 식품이다. 깡통에 들어 있는 참치는 짧게는 일주일, 길게는 몇 달간 두고 먹을 수 있다. 그런데 바다에서 참치를 잡아서 일주일이나 몇 달간 집에 둔다면 어떤 일이 벌어질까? 어떤 음식이든 시간이 지나면 상하거나 부패할 수밖에 없다. 음식을 깡통에 넣은 이유는 바로 썩히지 않고 오래 보관하고 싶다는 문제의식에서 비롯된 것이다.

통조림의 발명은 프랑스의 나폴레옹이 군대를 지휘하면서 전쟁 식량을 충분히 보급하기 위한 목적에서 시작되었다. 군대를 이끌고 먼 지역으로 전쟁을 나가 시간이 지나면 식량이 상해서 군인들에게 충분한 급식을 주기 어려웠다. 나폴레옹은 이 문제를 해결하기 위해 상금까지 내걸며 방법을 찾으려고 노력하였는데, 1804년 프랑스 파리에서 과자를 만들던 니콜라 아페르가 이 상금을 받게 되었다. 그는 유리병 안에 음식을 채우고 가열한 뒤 병 속의 공기 등 기체를 빼내는 방법으로 병조림을 발명하였다. 용기 내외의 공기 유통을 차단하면서 외부로부터의 미생물 침입을 방지하고, 가열·살균으로 내용물에 부착되어 있는 미생물을 제거할 수 있었던 것이다. 이는 식품의 변패를 막아 장기 저장이 가능하도록 한 원리로, 음식을 오랜 시간 보관해도 쉽게 상하지 않게 하였으며 오늘날까지도 과일로 잼을 만들 때 사용하는 식품 살균 방법의 한 종류이다.

이후 1810년, 영국인 피터 듀란드는 오늘날과 같은 형태인 금속 통조림을 발명하였다. 듀란드는 이전과 마찬가지로 용기 내부에 있는 공기 등의 기체를 제거하는 작업을 진행하여 미생물의 증식을 방지할 수 있었다. 나아가 깨지지 않는 금속 용기로 내용물을 장기간 보관할 수 있게 되었다. 예를 들어 참치 등 수산물의 경우 오랜 기간 보관하면서 내륙으로 이동하려면 보관이 용이해야 한다. 금형 재질상 변형이 잘 되지 않고, 안전하게 운반할 수 있어 이 같은 재질을 사용해 온 것이다. 또한 음료수 캔과 달리 밑바닥을 평평하게 디자인할 수 있었던 것은 ________㉠________

나아가 통조림은 근현대 시기를 거치며 보다 안전하게 사용할 수 있도록 진화하였다. 기존에는 캔 따개 등 도구를 이용해 통조림류를 열어야 했기 때문에 자칫하면 물리적 상처가 날 수 있었다. 그러나 강철 뚜껑 대신 알루미늄 포일을 이용한 안심 따개, 진공 기법 등의 기술이 결합되면서 편리한 사용이 가능해졌다. 비록 통조림은 전쟁 물자 보급을 위한 목적에서 발명되었지만, 이제는 간편 식생활 및 구호물자 보급을 위해 필요한 식료품으로 자리 잡게 된 것이다.

지문 정보 확인

1. 통조림은 영국의 산업 혁명이 시작되면서 처음으로 등장하였다. ( )

2. 병조림이 발명된 후 캔 형태의 통조림이 발명되었다. ( )

3. 금속 통조림은 재질상 변형이 잘 되지 않는다는 장점을 갖고 있다. ( )

1 윗글에 대한 설명으로 적절하지 <u>않은</u> 것은?

① 통조림이 무엇인지 정의하고, 통조림이 등장하게 된 일화를 소개하고 있다.
② 예시를 활용하여 금속 통조림으로 보관이 용이해진 식품에 대해 언급하고 있다.
③ 시간의 흐름에 따라 통조림의 제조 기술이 진화하는 과정에 대해 설명하고 있다.
④ 통조림이 소비자들에게 대량 유통될 수 있었던 원인을 분석적으로 설명하고 있다.
⑤ 초창기 통조림 사용에 따른 문제점을 언급하고, 이를 해결한 방안도 언급하고 있다.

2 〈보기〉를 참고할 때, ㉠에 들어갈 말로 가장 적절한 것은?

보기

통조림과 달리 음료수 캔은 밑바닥이 움푹 들어가 있다. 이것은 내용물의 압력과 상관이 있다. 알루미늄 캔에 들어가는 음료는 주로 탄산음료로 음료수 부피의 약 4배에 해당하는 이산화 탄소가 녹아 있다. 따라서 압력에 잘 견디게 설계하지 않으면 캔이 망가지거나 찌그러질 수 있는 위험이 있다. 이러한 위험을 방지하기 위해 압력이 강하게 가해지는 바닥을 오목하게 만들었으며, 이로 인해 밑면 전체에 압력이 고르게 퍼져서 웬만한 압력에도 모양이 바뀌지 않을 수 있었다.

① 이산화 탄소의 압력을 견딜 만큼 밀폐가 잘되었기 때문이다.
② 금형 재질이 어떤 온도에도 쉽게 내용물을 부식시키지 않았기 때문이다.
③ 이산화 탄소가 들어 있지 않아 기체가 팽창해 폭발할 가능성이 없기 때문이다.
④ 살균으로 미생물을 제거하여 어떤 모양에서도 음식물 보관이 가능하기 때문이다.
⑤ 금형 재질이 이산화 탄소의 움직임을 억눌러 통조림의 압력을 약화시켰기 때문이다.

[1~10] 보기 에서 어휘의 뜻풀이 또는 예문의 (   ) 안에 들어갈 어휘 ㉠~㉤을 찾아 쓰시오.

보기

㉠ **지형**　　　㉡ **동공**　　　㉢ **보급**
㉣ **살균**　　　㉤ **세포**

1 생물체를 이루는 기본 단위.

[　　]

2 물자나 자금 따위를 계속해서 지원해 줌.

[　　]

3 땅의 생긴 모양이나 형세.

[　　]

4 눈알의 한가운데에 있는, 빛이 들어가는 부분.

[　　]

5 세균 따위의 미생물을 죽임.

[　　]

6 전쟁 중에는 식량 (   )이/가 어려워질 수 있다.

[　　]

7 과학 시간에 동물의 (   )을/를 현미경으로 들여다보았다.

[　　]

8 갑자기 어두운 곳에 들어서자 (   )이/가 커졌다.

[　　]

9 이 산은 등산하기에 (   )이/가 험하다.

[　　]

10 이 제품을 사용하면 (   ) 효과를 볼 수 있다.

[　　]

[11~15] 다음에서 설명하는 어휘가 무엇일지 주어진 낱자를 활용하여 쓰시오.

11 자극을 받아들이고, 저장하고, 인출하는 일련의 정신 과정.

12 일이나 사물 따위가 점점 발달하여 감.

13 서로 다른 색상의 두 빛깔이 섞여 하양이나 검정이 될 때, 이 두 빛깔을 서로 이르는 말.

14 생물이 그 수를 늘려 감.

15 한 물질에서 다른 물질로 들어갈 때 경계면에서 그 진행 방향이 바뀌는 현상.

● 신체의 부위를 의미하는 어휘 ●

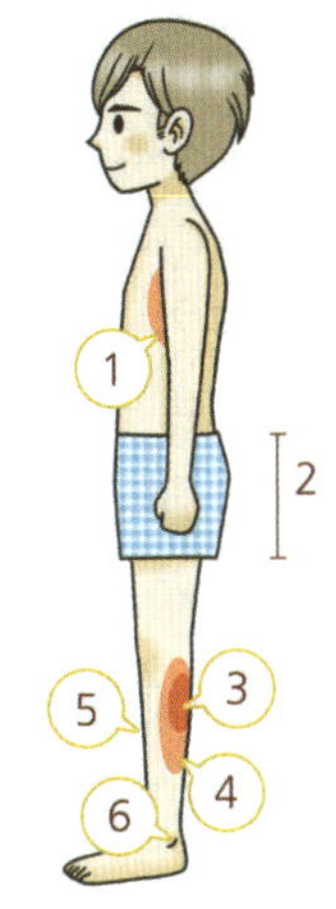

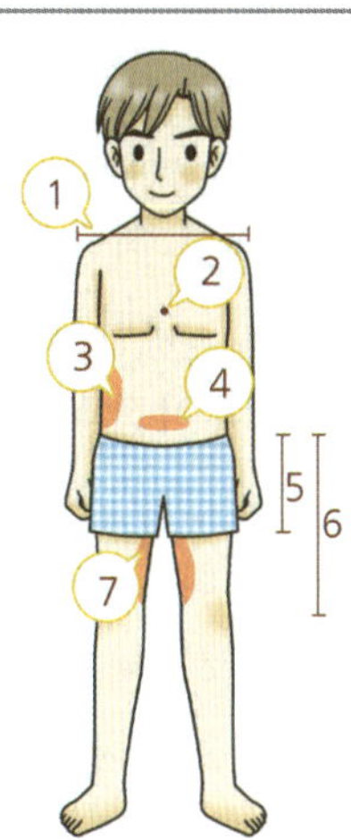

독해 방법 Q&A

" 선생님, 글을 설명하는 방식에는 어떤 것들이 있나요? "

글쓴이는 글에서 특정 대상을 설명할 때 그 대상에 대한 이해를 돕기 위해 다양한 설명 방식을 활용한단다. 정의, 비교·대조, 예시, 분류, 분석, 유추, 과정, 서사, 인과 등이 이에 해당하지. 그중에 이번 단원에 소개된 글들에서는 공통적으로 정의와 예시의 설명 방식이 사용되었음을 확인할 수 있단다. 정의의 방식을 활용하여 각각 착시 현상과 통조림의 뜻을 명확히 밝히고 있고, 그 정의와 관련된 예를 제시하여 독자의 이해에 도움을 주고 있단다.

> 정의: 용어의 개념을 명확히 규정하는 방식
> ↓
> 예시: 세부적인 예를 제시하여 설명하는 방식

학습 점검표

STUDY 09의 지문과 문제를 잘 학습했는지 체크한 후, 부족한 부분이 있다면 앞으로 돌아가서 다시 살펴보자~!

지문/문제		나의 체크				보완할 부분
우리의 눈을 속이는 착시 현상		○ 1회독 ○ 2회독 이상	○ 내용	○ 지문 구조	○ 어휘	
	1	○ 맞힘 ○ 틀림	○ 내용	○ 개념&유형	○ 어휘	
	2	○ 맞힘 ○ 틀림	○ 내용	○ 개념&유형	○ 어휘	
참치가 깡통에 들어간 이유		○ 1회독 ○ 2회독 이상	○ 내용	○ 지문 구조	○ 어휘	
	1	○ 맞힘 ○ 틀림	○ 내용	○ 개념&유형	○ 어휘	
	2	○ 맞힘 ○ 틀림	○ 내용	○ 개념&유형	○ 어휘	

슈퍼히어로는 아무나 하나

📖 지문 구조&정답 및 해설 040쪽

설명 방법 파악하기 – 비교와 대조, 분류와 구분

*불의: 미처 생각하지 않았던 판.

*일군: 현상이나 일 따위를 일으킨

*사뭇: 아주 딴판으로.

*정체성: 변하지 아니하는 존재의 본질을 깨닫는 성질. 또는 그 성질을 가진 독립된 존재.

*이상적: 생각할 수 있는 범위 안에서 가장 완전하다고 여겨지는. 또는 그런 것.

　　과거 영화 속의 슈퍼히어로는 ㉠슈퍼맨처럼 태어날 때부터 영웅적 능력을 부여받거나, 헐크처럼 불의의 사고로 초인적인 능력을 얻는 경우가 대부분이었다. 그러나 지금의 슈퍼히어로는 만들어지는 존재이다. ㉡아이언맨이 그 대표적인 사례이다. 토니 스타크는 아버지가 일군 기업을 물려받은 경영자이다. 부족함 없는 재산을 가진 토니 스타크는 발명이 취미인데, 이 취미를 토대로 첨단의 슈트를 개발하여 스스로 아이언맨이 된다.

　　슈퍼히어로의 탄생 배경이 달라진 만큼 슈퍼히어로가 지닌 삶의 태도 역시 이전과는 사뭇 달라졌다. 과거의 슈퍼히어로가 정의를 대변하며 불의와 싸우는 존재였다면, 토니 스타크는 개인의 즐거움을 무엇보다 중요한 가치로 여긴다. 실제로 영화에서 토니 스타크는 신소재의 아이언맨 슈트를 끊임없이 개발하는 등 자신이 즐겁게 지내는 것을 무엇보다 중요하게 생각한다. 토니 스타크에게 상대와 맞서 싸우는 것은 아이언맨 슈트를 입고 벌이는 일종의 놀이에 가깝다.

　　슈퍼맨과 같은 전통적인 슈퍼히어로들은 본인의 정체성과 슈퍼히어로로서의 정체성을 철저하게 분리하며 자신의 정체를 감춘다. 그러나 이와는 다르게 토니 스타크는 굳이 아이언맨으로서의 자신의 정체를 감추지 않는다. 영화에서 토니 스타크의 유명한 대사인 “I'm Iron man.”은 토니 스타크 자신이 아이언맨임을 직접 세상에 드러내는 수단이다. 즉 자신의 정체를 감추지 않는 새로운 슈퍼히어로의 모습을 보여 준다.

　　토니 스타크일 때나 아이언맨일 때나 그의 입에서는 유머와 웃음이 그칠 날이 없다. 늘 고뇌에 차 있고 진지하기만 한 슈퍼맨이나 배트맨이 과거 슈퍼히어로의 모습이라면, 유머와 웃음을 적절하게 활용하며 유연한 분위기를 만드는 아이언맨은 현재 슈퍼히어로의 모습인 것이다. 시대의 변화에 따라 이상적인 사람의 모습도 달라지고 있다. 변화하고 있는 영화 속 슈퍼히어로의 모습을 통해 우리가 사는 시대가 원하는 이상적 인간의 모습을 확인해 볼 수 있다.

지문 정보 확인

1. 영화 속 슈퍼히어로의 모습을 통해 시대가 원하는 이상적 인간상을 확인할 수 있다.　(　)

2. 과거 영화 속 슈퍼히어로들은 자신의 정체를 굳이 감추려 하지 않았다.　(　)

3. 아이언맨은 개인의 즐거움을 가장 중요한 가치로 여긴다.　(　)

1 윗글을 통해 알 수 있는 내용으로 가장 적절한 것은?

① 영화 속 슈퍼히어로는 자신의 이상을 실현하기 위하여 불의와 싸운다.
② 영화 속 슈퍼히어로를 통해 시대가 원하는 이상적 인간상을 알 수 있다.
③ 영화 속 슈퍼히어로는 모두 자신의 정체성과 관련된 내적 갈등을 겪는다.
④ 영화 속 슈퍼히어로의 모습은 시대와 관계없이 일정하게 유지되고 있다.
⑤ 사람들은 영화 속 슈퍼히어로의 모습을 바탕으로 자신의 삶의 목표를 설정한다.

2 ㉠과 ㉡에 대한 설명으로 적절하지 <u>않은</u> 것은?

① ㉠은 늘 고뇌에 차 있고 진지하지만, ㉡은 유머와 웃음을 적절하게 활용한다.
② ㉠의 영웅적 능력은 부여받은 것이지만, ㉡의 영웅적 능력은 만들어진 것이다.
③ ㉠은 정의를 대변하며 불의와 싸우지만, ㉡은 일종의 놀이처럼 상대와 싸운다.
④ ㉠은 시대가 원하는 이상적 인간상이지만, ㉡은 이상적 인간상과는 거리가 있다.
⑤ ㉠은 자신의 정체를 감추려 노력하지만, ㉡은 자신의 정체를 감추려 하지 않는다.

확장되는 디자인

지문 구조&정답 및 해설 042쪽

디자인 분야는 매우 다양하고 어떤 측면에서 보느냐에 따라, 또는 시대의 변화에 따라 달라진다. 오늘날에는 모든 디자인이 서로 중복되고 보완하는 관계에 있기 때문에 명확히 구분하기가 더욱 어려워지고 있다. 특히 요즘은 모든 디자인이 한꺼번에 이루어지는 경우가 많아서 경계를 분명하게 나누기가 더욱 어렵다.

전통적인 디자인의 분류는 디자인을 시각전달 디자인, 제품 디자인, 환경 디자인으로 나누는 것이다. 이렇게 디자인을 크게 세 영역으로 분류하고, 각 영역 속의 개별적인 디자인 분야로 들어가면 예전부터 있었던 디자인 분야는 물론, 시대의 변화와 발전에 따라 이전에는 없었던 새로운 분야의 디자인이 생겨난 것을 알 수 있다.

예를 들어, 컴퓨터가 널리 사용된 이후에는 컴퓨터를 디자인의 도구로 이용하는 컴퓨터 그래픽이나 컴퓨터를 매체로 사용하는 웹디자인 분야 등이 새로 생겨나게 되었다. 이렇게 컴퓨터와 같은 새로운 도구가 생기면 그 영향으로 디자인의 환경이 바뀔 뿐만 아니라 새로운 디자인 분야가 생겨나기도 하는 것이다.

표현 형식에 따라 디자인을 분류할 수도 있다. 2차원(평면) 디자인, 3차원(입체) 디자인, 시각과 관련된 영상, 소리 등을 동반하는 4차원 디자인과 같이 분류하는 것인데, 이는 표현 형식 또는 표현 매체에 따라 디자인을 분류한 것이다. 이러한 분류 방식은 시각전달 디자인이나 제품 디자인, 환경 디자인 안에서 디자인을 다시 세부적으로 분류할 때 쓰이기도 한다.

요즘에는 디자인의 여러 가지 요소의 결합과 모호함으로 인해 가치 창조를 기준으로 새롭게 디자인을 분류하는 방법도 생겼다. 이것은 정보 통신 기술의 발전으로 디자인 작업에 인터넷이 적극적으로 활용되면서 기존의 개별적인 디자인 작업들이 전략적 제휴를 통한 집단적 공유가 가능해짐으로써 달라진 현상이다. 이제 디자인은 하나의 전문 분야에서의 해결만이 아니라 프로젝트를 중심으로 문제를 해결하는 과정 안에서의 역할이 더 중요해진 것이다.

***분야:** 여러 갈래로 나누어진 범위나 부분.

***측면:** 사물이나 현상의 한 부분. 또는 한쪽 면.

***경계:** 사물이 어떠한 기준에 의하여 분간되는 한계.

***매체:** 어떤 작용을 한쪽에서 다른 쪽으로 전달하는 물체. 또는 그런 수단.

***모호하다:** 말이나 태도가 흐리터분하여 분명하지 않다.

***제휴:** 행동을 함께하기 위하여 서로 붙들어 도와줌.

***공유:** 두 사람 이상이 한 물건을 공동으로 소유함.

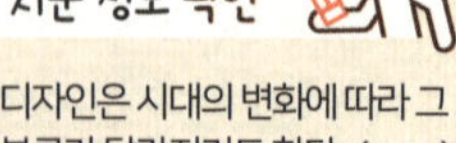

지문 정보 확인

1. 디자인은 시대의 변화에 따라 그 분류가 달라지기도 한다. (　　)

2. 새로운 도구가 개발되면 그 영향으로 새로운 디자인 분야가 생겨나기도 한다. (　　)

3. 요즘에는 전문 분야에서의 해결이 디자인에서 가장 중요하다. (　　)

1 윗글의 서술 방식으로 가장 적절한 것은?

① 말이나 사물의 뜻을 명백히 밝혀 규정하고 있다.
② 대상을 일정한 기준에 따라 나누어 설명하고 있다.
③ 복잡한 대상을 부분이나 요소로 나누어 설명하고 있다.
④ 대상이 변화한 모습을 시간 순서에 따라 제시하고 있다.
⑤ 두 대상을 견주어 비슷한 부분에 초점을 맞추어 설명하고 있다.

2 윗글을 통해 알 수 있는 내용이 <u>아닌</u> 것은?

① 과거에는 디자인을 크게 세 가지 영역으로 나누었다.
② 오늘날에는 디자인의 경계를 분명하게 나누기가 어렵다.
③ 인터넷의 발달로 개별적인 디자인 작업은 불가능하게 되었다.
④ 새로운 매체나 도구가 생기면 새로운 디자인 분야가 생겨나기도 한다.
⑤ 2차원, 3차원, 4차원 디자인은 디자인을 표현 형식에 따라 나눈 것이다.

[1~5] 어휘의 뜻풀이와 어휘 ㉠~㉤을 바르게 연결하시오.

[6~10] 예문의 (　　) 안에 들어갈 어휘 ㉠~㉤을 바르게 연결하시오.

뜻풀이	어휘	예문
1 현상이나 일 따위를 일으키다.	㉠ 일구다	**6** 그의 신체는 (　　) 균형을 이루고 있었다.
2 아주 딴판으로.	㉡ 사뭇	**7** 심지에 대고 입김을 불어서 불꽃을 (　　).
3 생각할 수 있는 범위 안에서 가장 완전하다고 여겨지는.	㉢ 경계	**8** 기질이 (　　) 달라 대하기가 어렵다.
4 사물이나 현상의 한 부분.	㉣ 이상적	**9** 친구의 생각에서 또 다른 (　　)을/를 발견할 수 있다.
5 사물이 어떠한 기준에 의하여 분간되는 한계.	㉤ 측면	**10** 꿈과 현실의 (　　)이/가 얼른 지어지지 않았다.

[11~15] 보기 의 글자들을 조합하여 다음 뜻풀이에 해당하는 단어를 만드시오.

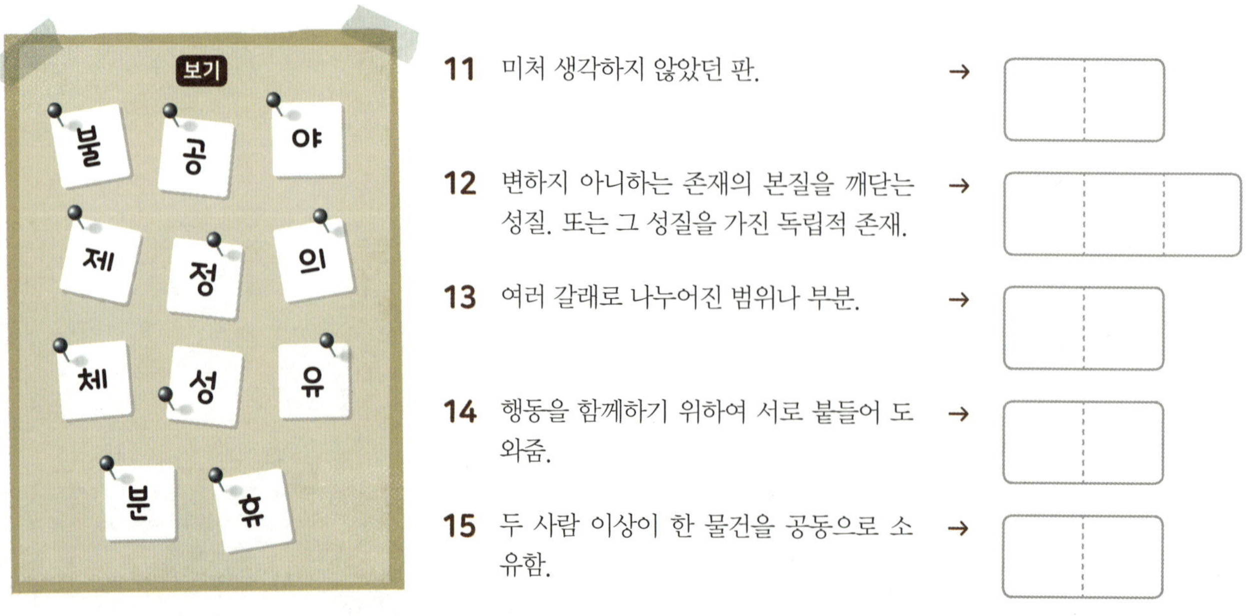

11 미처 생각하지 않았던 판. →

12 변하지 아니하는 존재의 본질을 깨닫는 성질. 또는 그 성질을 가진 독립적 존재. →

13 여러 갈래로 나누어진 범위나 부분. →

14 행동을 함께하기 위하여 서로 붙들어 도와줌. →

15 두 사람 이상이 한 물건을 공동으로 소유함. →

소리는 같지만 뜻이 다른 단어를 동음이의어(同音異義語)라고 한다.

매다¹ 동사 ← 동음이의어 → 매다² 동사

매다

매다¹

다의어

❶ 끈이나 줄 따위의 두 끝을 엇걸고 잡아당
기어 풀어지지 아니하게 마디를 만들다.
예 신발 끈을 <u>매다</u>.

❷ 끈이나 줄 따위로 꿰매거나 동이거나
하여 무엇을 만들다.
예 아버지가 붓을 <u>맸다</u>.

❸ 가축을 기르다.
예 소 한 마리를 <u>매다</u>.

❹ 옷감을 짜기 위하여 날아 놓은 날실에
풀을 먹이고 고루 다듬어 말리어 감다.
예 옷감을 짜기 위해 베를 <u>매다</u>.

두 가지 이상의 뜻을 가진 단어를 다의어(多義語)라고 한다.

매다²

❶ 논밭에 난 잡풀을 뽑다.
예 김을 <u>매는</u> 일은 쉽지 않다.

설명 방법 파악
하기 - 비교와
대조, 분류와 구분

독해 방법 Q&A

" 선생님, 비교와 대조, 분류와 구분은 각각 어떻게 다른가요? "

비교는 둘 이상의 대상을 견주어 공통점과 차이점 등을 찾는 일을, 대조는 둘 이상의 대상을 서로 맞대어 반대되거나 대비되는 것을 찾는 일을 의미한단다. 비교와 대조는 모두 글쓴이가 잘 알고 있는 대상을 설명하기 위해 읽는 이가 잘 아는 대상과 견주는 것에서 출발하지. 다만 대조가 차이점에 주목하는 반면, 비교는 공통점과 차이점에 모두 주목한다는 것에 유의해야 해. 한편 분류는 '척추동물과 무척추동물은 모두 동물이다.'와 같이 작은 항목을 일정한 기준에 따라 더 큰 항목으로 묶어 설명하는 방법이고, 구분은 '동물은 척추동물과 무척추동물로 나뉜다.'와 같이 큰 항목을 더 작은 항목으로 나누어 설명하는 방법이야.

> 비교: 공통점과 차이점을 모두 주목함.
> 대조: 차이점에 주목함.

> 분류: 하위 개념을 상위 개념으로 묶음.
> 구분: 상위 개념을 하위 개념으로 나눔.

학습 점검표

STUDY 10 의 지문과 문제를 잘 학습했는지 체크한 후, 부족한 부분이 있다면 앞으로 돌아가서 다시 살펴보자~!

지문/문제	나의 체크					보완할 부분
슈퍼히어로는 아무나 하나	○ 1회독 ○ 2회독 이상		○ 내용 ○ 지문 구조 ○ 어휘			
	1	○ 맞힘 ○ 틀림	○ 내용 ○ 개념&유형 ○ 어휘			
	2	○ 맞힘 ○ 틀림	○ 내용 ○ 개념&유형 ○ 어휘			
확장되는 디자인	○ 1회독 ○ 2회독 이상		○ 내용 ○ 지문 구조 ○ 어휘			
	1	○ 맞힘 ○ 틀림	○ 내용 ○ 개념&유형 ○ 어휘			
	2	○ 맞힘 ○ 틀림	○ 내용 ○ 개념&유형 ○ 어휘			

설명 방법 파악하기 – 인과, 분석

*정비: 도로나 시설 따위가 제 기능을 하도록 정리함.

*도심: 도시의 중심부.

*부가 가치: 생산 과정에서 새로 덧붙인 가치.

*지구: 일정한 목적 때문에 특별히 지정된 지역.

*밀도: 빽빽이 들어선 정도.

*관할: 일정한 권한을 가지고 통제하거나 지배함.

지문 정보 확인

1. 북한의 도심은 경제 가치에 따라 거리 중심으로 개발되었다. (　　)

2. 평양에는 상업용 빌딩, 호텔 등이 모여 있는 중심 업무 지구가 없다. (　　)

3. 평양 사람들은 대부분 직장 가까이에 살기 때문에 평양의 도로는 복잡하지 않다. (　　)

평양의 도시 구조

지문 구조 & 정답 및 해설 044쪽

　평양은 북한의 수도이며, 사회주의 도시 계획에 따라 계획적으로 정비된 도시이다. 대한민국의 도심은 경제 가치에 따라 주로 부가 가치가 높은 고밀도의 업무·상업 지구 중심으로 형성되었지만, 북한의 도심은 거리 중심으로 형성되었다. 서울이 지역 단위로 개발되었다면 평양은 '통일 거리', '미래 과학자 거리' 등 거리 중심의 신도시로 개발되어 '○○ 거리'라고 불리는 주요 거리가 30여 곳 있다.

　서울과 달리 평양에는 상업용 빌딩, 호텔 등이 모여 있는 중심 업무 지구가 없다. 자본주의 국가의 도시인 서울은 접근성과 지대를 고려해 지역이 나뉘었으나, 북한은 당과 정부의 계획에 의해 건물의 위치가 결정되었기 때문이다. 평양의 도심부에는 미술관, 박물관 등의 공공시설과 문화 시설이 들어서 있으며, 국회의 성격을 지닌 만수대 의사당이 위치한다.

　평양에서 이루어지는 '거리' 단위의 건축에는 주택은 물론, 학교 등의 공공시설, 음식점 같은 상점, 각종 편의 시설 등이 어우러진다. 직장을 중심으로 주거지가 결정되기 때문에 집과 가까운 거리에 직장이 위치한다. 아침이 되어도 평양의 도로가 복잡하지 않은 이유는 주민들의 출퇴근 및 통학 거리가 매우 짧기 때문이다.

　평양의 거리에서 큰길에 닿아 있는 곳에는 주로 고층 아파트가 분포한다. 아파트로 둘러싸인 공간의 내부에는 공공시설, 상점, 편의 시설 등이 들어서 있는데, 이로 인해 자동차를 타고 평양을 여행하다 보면 평양이 거대한 아파트로 이루어진 도시라는 착각이 들기도 한다. 또한 평양은 서울에 비해 밀도가 낮고, 녹지대가 많은 것이 특징이다.

　평양은 재개발을 통해 도시를 정비했는데, 재개발 역시 거리 단위로 이루어졌다. 평양의 재개발은 당과 정부에서 관할한다. 최근에는 창전 거리에서 재개발이 이루어졌다. 평양의 핵심부인 창전 거리에는 고층 아파트 단지 14개 동이 위치하고 그 안에 결혼식장, 아동 백화점, 편의 시설, 문화 시설, 학교 등이 갖추어져 있다. 주민들은 자가용을 타고 다니는 사람이 드물고 주로 대중교통을 이용한다. 평양에는 2개 노선의 지하철이 있으며, 지상에는 전기로 움직이는 전차가 있다. 항상 자동차들로 빽빽한 서울에 비해, 평양의 거리는 중심부를 제외하면 매우 한적하다.

1 윗글을 통해 알 수 있는 내용이 <u>아닌</u> 것은?

① 평양의 거리 이름의 예
② 평양의 지하철 노선 개수
③ 평양에 사는 사람들의 경제력
④ 평양의 도심부에 위치한 시설
⑤ 평양의 고층 아파트 존재 여부

설명 방법
파악하기 –
인과, 분석

2 윗글의 전개 방식에 대한 설명으로 가장 적절한 것은?

① 평양의 도시 개발에 대해 항목별로 나누어 특징을 설명하고 있다.
② 평양의 도시 개발이 이루어져 온 과정을 시대에 따라 서술하고 있다.
③ 평양이 거리 중심으로 개발된 이유를 밝히고 그와 상충되는 의견을 제시하고 있다.
④ 평양과 서울의 도시 개발의 차이점과 공통점에 대해 항목별로 사례를 들어 설명하고 있다.
⑤ 평양의 도시 구조를 소개한 뒤 평양이 경제 가치에 따라 재개발되어야 한다고 주장하고 있다.

3 윗글을 이해한 내용으로 적절한 것은?

① 평양은 사회주의 도시 계획에 따라 지역 단위로 개발되었다.
② 북한 도심의 건물 위치는 접근성과 지대를 고려하여 결정되었다.
③ 평양의 도심부에는 상업용 빌딩, 호텔 등 중심 업무 지구가 위치한다.
④ 평양의 고층 아파트는 주로 대로변에 위치하며 편의 시설 등이 갖추어져 있다.
⑤ 평양의 재개발은 당과 정부에서 관할하며 경제 가치에 따라 개발이 이루어졌다.

📖 지문 구조&정답 및 해설 **046**쪽

* **결핍:** 있어야 할 것이 없어지거나 모자람.
* **시야:** 시력이 미치는 범위.
* **절박하다:** 어떤 일이나 때가 가까이 닥쳐서 몹시 급하다.
* **획기적:** 어떤 과정이나 분야에서 전혀 새로운 시기를 열어 놓을 만큼 뚜렷이 구분되는. 또는 그런 것.
* **과몰입:** 지나치게 깊이 파고들거나 빠짐.
* **경각하다:** 잘못을 하지 않도록 정신을 차리고 깨어 있다.
* **동반:** 어떤 사물이나 현상이 함께 생김.

'터널링 이펙트(tunneling effect)'는 경제학에서 사용하는 용어로, 결핍과 효율성의 관계를 정의할 때 사용하는 개념이다. 어두운 터널 안에 들어가면 앞이 잘 보이지 않기 때문에 터널 안에 있는 사람들은 오로지 터널 밖으로 나가는 데만 집중한다. 이 사람들은 앞만 열심히 쳐다보기 때문에 시야가 좁아지며, 자신이 집중한 일 이외의 대부분을 잊게 된다. 이런 현상을 터널링 이펙트라고 부른다.

뭔가가 부족하다고 느끼는 결핍의 상황은 일의 효율성을 높인다. 사람은 결핍을 느끼지 않을 때는 절박하게 일하지 않는다. 가진 돈이 많은 사람은 돈을 벌기 위해 열심히 노력하지 않는 것이 일반적이고, 마감 날짜까지 시간이 많으면 마음에 여유가 생겨 최선을 다하지 않는 경우가 많다. 인간이 구체적이고 획기적인 집중력을 발휘하려면 시간이 부족해야 한다. 누군가에게 일을 시킬 때 시간을 넉넉히 주는 것이 별로 효과가 없는 것도 그 때문이다. 이것이 바로 결핍의 효과이다.

그러나 부족한 상태가 효율성을 높이는 면이 있음에도 불구하고 결핍은 그보다 훨씬 큰 부정적 효과를 낳기도 한다. 1984년에서 2000년까지 미국에서 교통사고로 사망한 소방관들은 전체 사망자의 25%로, 소방관 사망 원인의 2위로 밝혀졌다. 게다가 안전을 제일로 생각하는 소방관들이 교통사고로 목숨을 잃는 대부분의 이유가 안전벨트 미착용이었다. 이것은 결핍과 연관하여 설명할 수 있는데, 긴급한 화재 신고를 받으면 소방관은 엄청난 시간 결핍 상황을 겪는다고 할 수 있다. 단 1초라도 빨리 출동해야 한 명이라도 더 구할 수 있기 때문이다. 즉 소방관이 시간 결핍 상황을 맞으면 오로지 사람을 구하는 일에만 집중하여 그 일의 효율성은 높아지지만, 그 일에만 집중하는 바람에 다른 일에는 신경을 쓰지 못한다. 그래서 소방관들은 차 문을 닫는다거나 안전벨트를 채우는 기본적인 일들을 잊어버리게 되는 것이다.

이처럼 터널링 이펙트는 어떤 일에 과몰입한 사람의 경우 그 일을 성취하는 데 있어서 효율성은 매우 높을 수 있지만, 주변의 다른 요소들을 고려하지 못하는 부작용이 있음을 경각하게 해 준다. 경제학의 측면에서 보다 높은 성취를 위해 사람들을 결핍의 상황에 처하게 하는 것이 효과가 있을 수 있지만, 거기에 동반되는 위험 요소도 반드시 인지해야 한다.

지문 정보 확인

1. 터널 안에 있는 사람들은 터널 밖으로 나가는 데만 집중하여 시야가 좁아진다.　　(　　)

2. 뭔가가 부족하다고 느끼는 결핍의 상황은 일의 효율성을 높인다.　　(　　)

3. 터널링 이펙트는 부정적인 결과보다는 긍정적인 결과를 더 많이 가져온다.　　(　　)

1 윗글에 대한 이해로 적절하지 <u>않은</u> 것은?

① 일의 효율성을 높이기 위해서는 시간을 넉넉히 주는 것이 좋다.

② 결핍은 효율성을 높이는 효과가 있지만 위험 요소가 동반되기도 한다.

③ 터널링 이펙트란 자신이 집중한 일 이외의 대부분을 잊는 현상을 말한다.

④ 소방관들은 엄청난 결핍의 상황에서 기본적인 일들을 잊어버리는 경우가 있다.

⑤ 어떤 일에 과몰입한 사람은 주변의 다른 요소들을 고려하지 못하는 모습을 보인다.

2 윗글에 사용된 설명 방법을 〈보기〉에서 모두 고른 것은?

> **보기**
>
> ㉠ 핵심 용어의 개념이 변화된 원인과 변화 과정을 소개하고 있다.
> ㉡ 구체적인 예를 들면서 중심 화제와 관련된 내용을 설명하고 있다.
> ㉢ 화제에 대한 상반된 견해를 대비하여 절충적 대안을 제시하고 있다.
> ㉣ 특정 현상으로부터 초래될 수 있는 상반된 결과를 심층적으로 설명하고 있다.

① ㉠, ㉢

② ㉠, ㉣

③ ㉡, ㉢

④ ㉡, ㉣

⑤ ㉢, ㉣

어휘 확인

[1~10] 〈보기〉에서 어휘의 뜻풀이 또는 예문의 (   ) 안에 들어갈 어휘 ㉠~㉤을 찾아 쓰시오.

보기

㉠ 결핍	㉡ 정비	㉢ 동반	㉣ 관할	㉤ 과몰입

뜻풀이

1	어떤 사물이나 현상이 함께 생김.	[	]
2	있어야 할 것이 없어지거나 모자람.	[	]
3	도로나 시설 따위가 제 기능을 하도록 정리함.	[	]
4	일정한 권한을 가지고 통제하거나 지배함.	[	]
5	지나치게 깊이 파고들거나 빠짐.	[	]

예문

6	교육 제도의 ( )이/가 필요한 시점이다.	[	]
7	경기 침체에 따라 증시가 ( ) 하락세를 보였다.	[	]
8	이 일은 내 ( )에서 일어났다.	[	]
9	게임에 ( )하는 것은 위험하다.	[	]
10	지도력의 ( )은/는 그의 가장 큰 약점이었다.	[	]

[11~15] 다음에서 설명하는 어휘가 무엇일지 사다리를 연결하고 주어진 낱자를 활용하여 쓰시오.

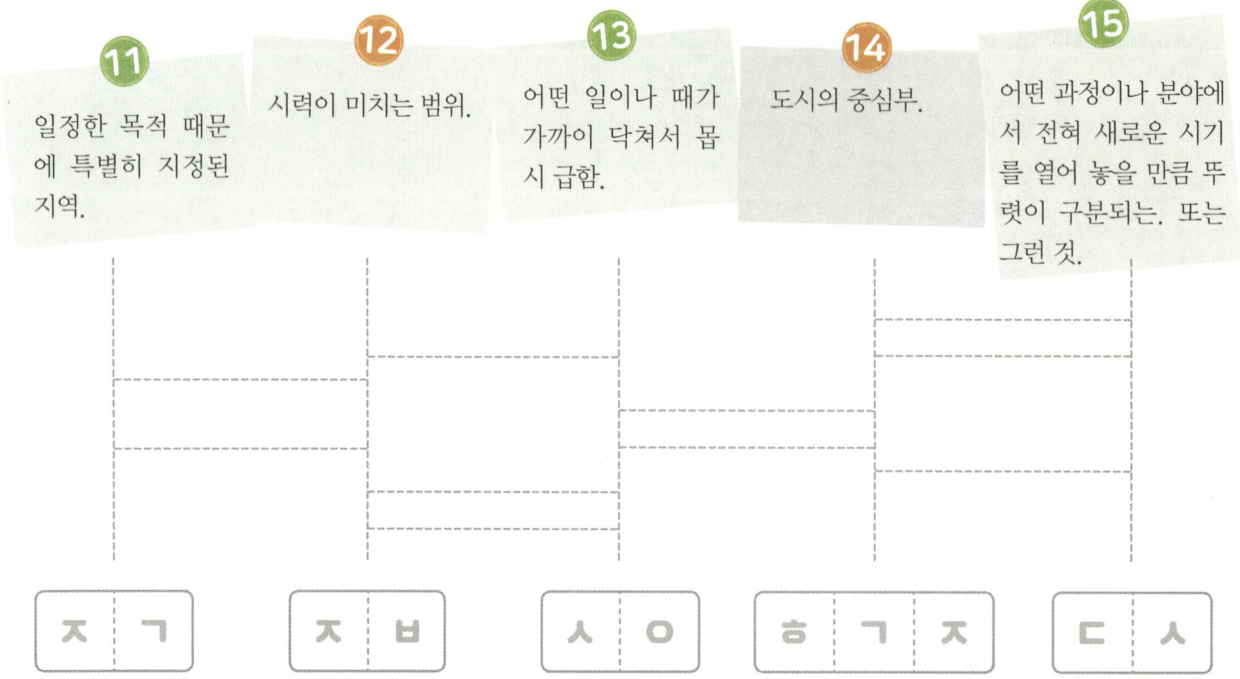

어휘 특강

비 비슷한 말　반 반대말

비 증가하다
양이나 수치가 늘다.
예 대학 도서관의 장서가 매년 증가하고 있다.

비 불어나다
수량 따위가 본디보다 커지거나 많아지다.
예 인구가 기하급수적으로 불어나다.

비 신장하다
세력이나 권리 따위가 늘어나다. 또는 늘어나게 하다.
예 국민의 자유와 권리가 크게 신장하였다.

늘어나다
부피나 분량 따위가 본디보다 커지거나 길어지거나 많아지다.
예 주름살이 늘어나다.

반 줄어들다
부피나 분량 따위가 본디보다 작아지거나 짧아지거나 적어지다.
예 공부할 시간이 줄어들다.

반 감소하다
양이나 수치가 줄다. 또는 양이나 수치를 줄이다.
예 수출이 감소하고 수입이 늘어서 나라 살림이 어려워지고 있다.

반 줄다
물체의 길이나 넓이, 부피 따위가 본디보다 작아지다.
예 몸무게가 줄다.

설명 방법 파악하기 – 인과, 분석

독해 방법 Q&A

" 선생님, 인과, 분석은 어떤 설명 방법인가요? "

글에서 특정 대상을 설명할 때, 그 대상에 대한 독자의 이해를 돕기 위해 글쓴이는 다양한 설명 방식을 활용한단다. 그중 인과는 '어떤 결과를 가져오게 된 원인을 밝히는 전개 방식'을 말하는데, 주로 과학적인 글에서 많이 사용되지. 분석은 '복잡한 대상을 구성 요소나 부분들로 나누어 설명하는 방식'이야. 시계를 시침, 분침, 초침과 태엽, 숫자판 등으로 나누어서 설명하는 것을 예로 들 수 있겠다.

인과
원인 → 결과
결과 → 원인

분석
복잡한 대상 → 구성 요소

학습 점검표

STUDY 11 의 지문과 문제를 잘 학습했는지 체크한 후, 부족한 부분이 있다면 앞으로 돌아가서 다시 살펴보자~!

지문/문제		나의 체크			보완할 부분
평양의 도시 구조	○ 1회독　○ 2회독 이상	○ 내용	○ 지문 구조	○ 어휘	
	1　○ 맞힘　○ 틀림	○ 내용	○ 개념&유형	○ 어휘	
	2　○ 맞힘　○ 틀림	○ 내용	○ 개념&유형	○ 어휘	
	3　○ 맞힘　○ 틀림	○ 내용	○ 개념&유형	○ 어휘	
터널링 이펙트의 두 가지 결과	○ 1회독　○ 2회독 이상	○ 내용	○ 지문 구조	○ 어휘	
	1　○ 맞힘　○ 틀림	○ 내용	○ 개념&유형	○ 어휘	
	2　○ 맞힘　○ 틀림	○ 내용	○ 개념&유형	○ 어휘	

정보를 전달하는 글 이해하기

*비례: 한쪽의 양이나 수가 증가하는 만큼 그와 관련 있는 다른 쪽의 양이나 수도 증가함.
*순환: 주기적으로 자꾸 되풀이하여 돎.
*전이: 사물이 한 상태에서 다른 상태로 변화함.
*동반: 일을 하거나 길을 가는 따위의 행동을 할 때 함께 짝을 함.
*방출: 물리쳐 내쫓음.
*분산: 갈라져 흩어짐.

지문 정보 확인

1. 바람의 속도가 빨라지면, 그 바람의 힘도 세진다. (　)

2. 허리케인은 거대한 타이어 모양을 이루며 시계 방향으로 회전한다. (　)

3. 폭풍 에너지는 대기 전역으로 분산되지만, 원자 폭탄의 위력에 미치지는 못한다. (　)

📖 지문 구조 & 정답 및 해설 **048**쪽

　1987년 10월, 영국에 불어닥친 사이클론의 풍속은 시속 200킬로미터에 이르렀다. 당시 1,500만 그루의 나무가 이 파격적인 사이클론으로 인해 땅바닥에 내팽겨쳐졌다. 그런데 흥미로운 사실이 하나 있다. 그것은 바로 바람이 지나가면서 대상에 미치는 힘은 그 속도의 제곱에 비례*한다는 점이다. 그렇다면 사이클론이 지닌 에너지는 얼마나 대단한 규모일까?

　사이클론은 인도양, 아라비아해, 벵골만에서 발생하는 열대성 저기압으로, 발생하는 지역에 따라 태풍, 허리케인 등으로 부른다. 대폭풍의 기상도를 살펴보면, 상공 어딘가를 축으로 거대한 타이어 모양을 이루며 반시계 방향으로 회전하는 바람을 볼 수 있다. 태풍 중심 부근의 속도는 시속 80킬로미터에 달하는데, 이 중심이 폭풍 에너지의 대부분을 운반하며 순환*하는 대기이다.

　폭풍 에너지를 측정하기 위해서는 에너지와 힘뿐만 아니라 움직이는 물체에 대한 몇 가지 기본 원리를 이해할 필요가 있다. 자동차, 바위, 대기 등 움직이는 물체는 모두 운동 에너지를 갖고 있다. 이 에너지는 열에너지로 바뀌거나 물체의 속도를 감소시킴으로써 다른 물체로 전이*될 수 있다. 시속 110킬로미터로 달리는 자동차를 생각해 보자. 이 차를 정지시키는 브레이크에서 발생하는 열은 한 솥 가득 든 물을 끓일 정도로 대단하다. 이때 발생하는 에너지로 자동차의 속도를 줄이는 것이다.

　폭풍이 커다란 공장의 굴뚝을 넘어뜨리고 우리가 사는 집의 지붕을 들어 올리며 바다에서 거대한 파도를 일으키는 것은 폭풍의 운동 에너지 중 일부가 물체를 움직이는 데 사용되기 때문이다. 그 결과 바람의 속도는 감소된다. 숲으로 산책을 가 보면 바람이 부는 날조차도 나무들 사이의 대기가 고요하다는 걸 느낄 것이다. 나무는 바람의 운동, 즉 에너지를 흡수하는 데 능숙하다. 바로 이 때문에 나무들은 폭풍에 다치기가 쉽다.

　시속 80킬로미터의 바람을 동반*한 채 불어오는 거대한 폭풍은 원자 폭탄 한 개가 지닌 에너지의 2만 4천 배이다. 대형 핵폭탄과 맞먹는 에너지인 셈이다. 그러나 폭풍 에너지는 두터운 대기 전역으로 골고루 퍼진다. 반면에 원자 폭탄은 도시 상공에서 에너지를 방출*한다. 따라서 동일 면적당 에너지는 원자 폭탄과 폭풍이 비슷할 것이다.

　물론 원자 폭탄으로부터 나오는 에너지는 1초보다 짧은 순간에 방출되지만 폭풍 에너지는 1만 초 이상의 시간 동안 분산*된다. 또한 폭풍은 분명 우리에게 피해를 입히지만 콘크리트와 강철을 녹이지는 않는다. 그럼에도 불구하고 카트리나, 데비, 그레이스와 같은 아름다운 이름의 허리케인은 인류에게 너무나 두려운 존재이다.

1 윗글의 서술 방식으로 적절하지 <u>않은</u> 것은?

① 실제 사례를 제시하여 독자의 관심을 유발하고 있다.
② 중심 화제의 개념을 정의하여 독자의 이해를 돕고 있다.
③ 구체적인 수치를 언급하여 통념의 문제점을 밝히고 있다.
④ 스스로 묻고 답하는 방법으로 글의 내용을 전개하고 있다.
⑤ 비교의 방법을 사용하여 중심 화제의 특성을 설명하고 있다.

2 윗글을 통해 알 수 있는 내용으로 적절하지 <u>않은</u> 것은?

① 사이클론이 지닌 에너지는 중심부에서 멀어질수록 점점 커진다.
② 달리는 자동차는 운동 에너지가 열에너지로 바뀌어 멈추게 된다.
③ 움직이는 열차와 날아가는 새는 모두 운동 에너지를 지니고 있다.
④ 태풍의 이동 속도가 빠를수록 진행 경로의 건물에 미치는 힘은 커진다.
⑤ 폭풍 에너지는 원자 폭탄 에너지보다 고루 퍼지고 긴 시간 동안 분산된다.

3 윗글을 읽고 〈보기〉의 상황에 대해 학생들이 보인 반응으로 적절하지 <u>않은</u> 것은?

보기

선생님: 움직이는 모든 물체에서는 에너지가 발생해요. 움직이는 물체가 지닌 운동 에너지는 다음 공식으로 구할 수 있습니다.

$$운동\ 에너지 = 질량 \times 속도^2 / 2$$

자, 그럼 이를 바탕으로 자동차가 시속 100킬로미터로 달리는 상황에 대해 생각해 볼까요?

---

① 〈보기〉의 자동차의 속도가 시속 50킬로미터로 줄어든다면, 운동 에너지는 1/4로 줄어들겠군.
② 〈보기〉의 자동차보다 2배 무거운 트럭이 동일한 속도로 움직인다면, 운동 에너지는 2배로 늘어나겠군.
③ 〈보기〉의 자동차에서 밖으로 머리를 내민다면, 시속 100킬로미터의 바람이 가진 힘을 느낄 수 있겠군.
④ 1987년 영국에 피해를 줬던 사이클론의 힘은 〈보기〉의 자동차가 가진 운동 에너지의 4배에 육박했겠군.
⑤ 〈보기〉의 자동차 질량의 절반인 오토바이가 자동차와 동일한 운동 에너지를 가지려면 자동차보다 2배 빠른 속도로 움직여야겠군.

지문 구조&정답 및 해설 050쪽

어휘 풀이

* **지반**: 땅의 표면.
* **분출**: 액체나 기체 상태의 물질이 솟구쳐서 뿜어져 나옴.
* **침하**: 가라앉아 내림.
* **요인**: 사물이나 사건이 성립되는 까닭. 또는 조건이 되는 요소.
* **단층**: 지각 변동으로 지층이 갈라져 어긋나는 현상.
* **하중**: 어떤 물체 따위의 무게.
* **관측**: 육안이나 기계로 자연 현상 특히 천체나 기상의 상태, 추이, 변화 따위를 관찰하여 측정하는 일.
* **표기**: 문자 또는 음성 기호로 언어를 표시함.

지하수 등의 물로 가득찬 모래 지반층에 지진과 같은 강한 충격이 가해지면 모래 입자들이 재배열되면서 수축하고, 모래 입자들 사이의 틈에서 기존보다 강한 수압이 생기게 된다. 이 때문에 모래 지반층의 강도가 크게 감소되어 순간적으로 모래가 액체처럼 움직이게 되는데, 이를 ㉠액상화라고 한다. 액상화된 지하수와 흙, 모래 등은 수압으로 인해 땅 위로 상승하여 밖으로 분출되는데, 이 때문에 땅 밑에는 빈 공간이 생기고 주변의 지반이 내려앉는 지반 침하 현상이 발생한다. 이러한 현상으로 인해 주변 건물이 무너지는 피해가 유발된다.

액상화는 빈번하게 나타나는 현상이 아니어서 아직까지도 액상화 현상의 발생 원인에 대한 요인들이 검토되고 있다. 2017년까지 알려진 액상화 현상의 요인은 크게 외적 요인과 내적 요인으로 나뉜다. 외적 요인으로는 지진의 강도나 그 지속 시간 등이 있으며, 내적 요인으로는 모래의 밀도, 지하수면의 깊이, 기반암의 지질 구조, 모래의 입도 분포 등이 있다.

땅 밑의 모래 입자가 크면 클수록 입자 사이의 틈이 커지게 되고, 틈 안에 물이 ㉡들어가기 쉽다. 이때 지하수의 수위가 높아져 이러한 틈에 지하수가 채워져 있을 경우, 순간적으로 발생하는 지진 등에 의해 액상화 현상이 발생한다. 또한 땅 밑에 단층이 있을 경우에는 땅이 견딜 수 있는 하중이 더 작아, 수압을 견디기 어려운 것으로 예측된다.

지진에 의해 발생한 액상화 현상은 1964년 일본의 니가타 지진, 1976년 중국의 탕산 지진, 1995년 일본의 한신 대지진, 2011년 일본의 동일본 대지진, 2011년 뉴질랜드의 크라이스트처치 지진 때 관측되었으며, 우리나라에서는 2017년 11월 포항 지역에 발생한 지진 때 지진 관측 이래 최초로 관측되었다.

일본의 니가타 지진 당시에는 액상화 현상으로 아파트 3채가 기울어지는 등의 피해를 입었으며, 중국의 탕산 지진의 경우 24만여 명이 사망하는 등 액상화 현상 때문에 큰 피해를 입었다.

1964년 니가타 지진 이후 일본은 전국 각지의 액상화 위험성을 등급 및 이력으로 표기한 '액상화 지도'를 제작·공개하였으며, 지방 자치 단체들이 모래 지반 지역에 대한 조사를 토대로 지반 개량 사업을 벌였다. 또한 건설 회사들도 액상화 피해를 줄이는 다양한 건설 공법을 개발하였다. 이처럼 모래 지반 지역을 중심으로 액상화 지도를 제작하고 액상화 현상에 따른 위험도가 큰 지역부터 지반 보강 공사를 수시로 함으로써 피해를 줄일 수 있다.

지문 정보 확인

1. 모래 지반층의 강도가 상승하여 모래가 액체처럼 흐르는 현상을 액상화라고 한다. ( )

2. 땅 밑의 모래 입자가 클수록 액상화 현상의 발생 가능성은 높아진다. ( )

3. 액상화 현상은 일본보다 우리나라에서 먼저 처음 관측되었다. ( )

1 윗글에 대한 설명으로 적절하지 <u>않은</u> 것은?

① 특정 현상의 개념을 정의하여 제시하고 있다.
② 특정 현상의 발생 원인을 구분하여 제시하고 있다.
③ 특정 현상이 관측된 실제 사례를 나열하여 제시하고 있다.
④ 특정 현상으로 인한 피해를 구체적 수치를 통해 제시하고 있다.
⑤ 특정 현상의 피해를 예방할 수 있는 방안과 그 한계를 제시하고 있다.

2 ㉠에 대한 이해로 적절하지 <u>않은</u> 것은?

① 땅의 표면이 내려앉는 현상의 원인이 되기도 한다.
② 모래 지반층의 입자가 강한 충격으로 팽창하여 발생한다.
③ 땅 아래 모래 입자 간 공간이 넓을수록 발생할 확률이 높다.
④ 지층이 갈라져 어긋나 있을 경우 지하수와 흙, 모래가 땅 위로 분출될 수 있다.
⑤ 일본에서는 1964년 이후 지자체를 중심으로 한 지반 개량 사업 등으로 피해를 예방하고 있다.

3 〈보기〉는 사전에서 동사 '들어가다'를 검색한 결과이다. 〈보기〉를 참고할 때, ㉡과 문맥적 의미가 가장 유사한 것은?

보기

들어가다 [동사]
1 「1」 밖에서 안으로 향하여 가다.
　　「2」 전기나 수도 따위의 시설이 설치되다.
　　「3」 새로운 상태나 시기가 시작되다.
2 「1」 어떤 단체의 구성원이 되다.
　　「3」 말이나 글의 내용이 머릿속에 남다.

① 학교에 <u>들어갈</u> 나이가 되다.
② 내일부터 새 학기에 <u>들어간다</u>.
③ 그녀는 시내로 <u>들어가는</u> 버스를 탔다.
④ 아직도 전화가 <u>들어가지</u> 않은 마을이 있다.
⑤ 노인은 그 말도 귀에 <u>들어가지</u> 않는 모양이었다.

[1~10] 보기 에서 어휘의 뜻풀이 또는 예문의 (　) 안에 들어갈 어휘 ㉠~㉤을 찾아 쓰시오.

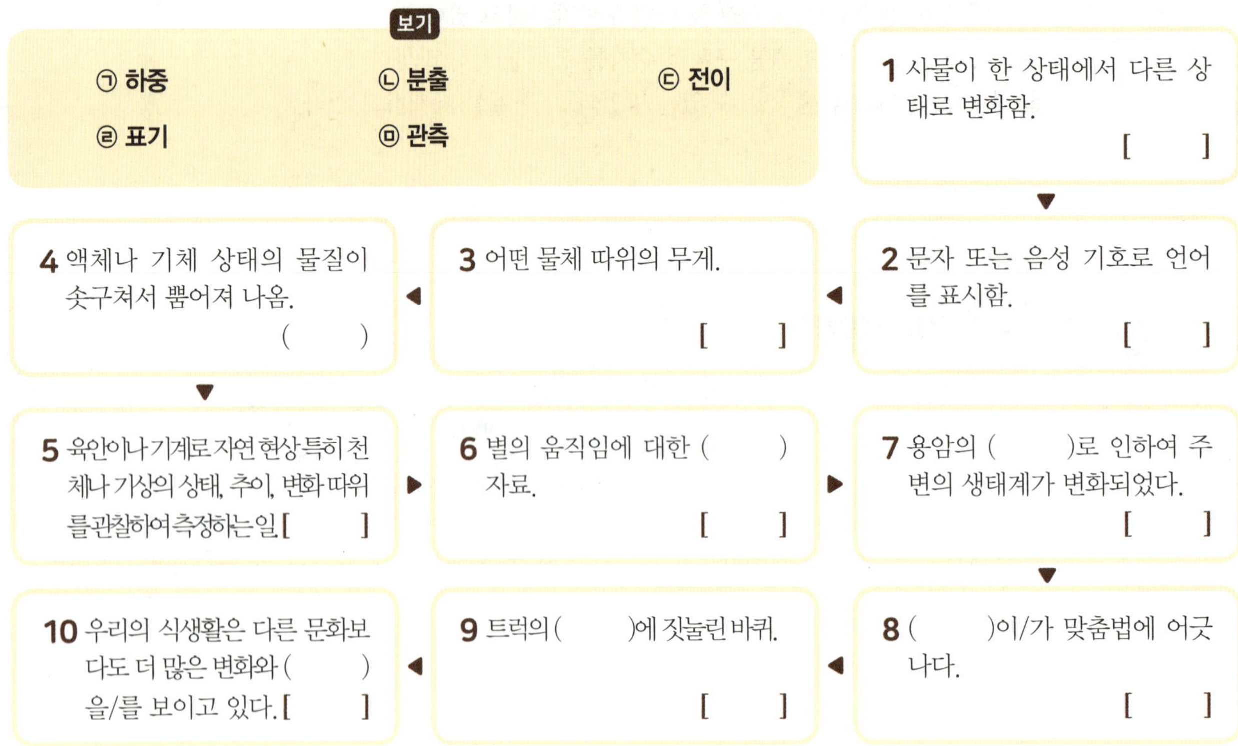

보기

㉠ 하중　　　㉡ 분출　　　㉢ 전이

㉣ 표기　　　㉤ 관측

1 사물이 한 상태에서 다른 상태로 변화함.
[　　]

2 문자 또는 음성 기호로 언어를 표시함.
[　　]

3 어떤 물체 따위의 무게.
[　　]

4 액체나 기체 상태의 물질이 솟구쳐서 뿜어져 나옴.
(　　)

5 육안이나 기계로 자연 현상 특히 천체나 기상의 상태, 추이, 변화 따위를 관찰하여 측정하는 일 [　　]

6 별의 움직임에 대한 (　　) 자료.
[　　]

7 용암의 (　　)로 인하여 주변의 생태계가 변화되었다.
[　　]

8 (　　)이/가 맞춤법에 어긋나다.
[　　]

9 트럭의 (　　)에 짓눌린 바퀴.
[　　]

10 우리의 식생활은 다른 문화보다도 더 많은 변화와 (　　)을/를 보이고 있다. [　　]

[11~15] 다음에서 설명하는 어휘가 무엇일지 주어진 낱자를 활용하여 쓰시오.

11 갈라져 흩어짐.

12 물리쳐 내쫓음.

13 일을 하거나 길을 가는 따위의 행동을 할 때 함께 짝을 함. 또는 그 짝.

14 한쪽의 양이나 수가 증가하는 만큼 그와 관련 있는 다른 쪽의 양이나 수도 증가함.

15 빨아서 거두어들임.

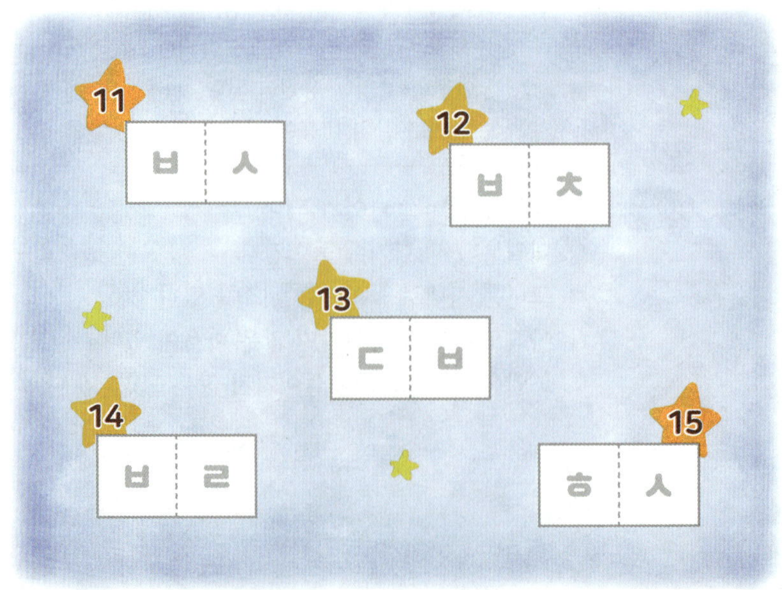

어휘 특강

• '데'의 띄어쓰기 •

| **'데'를 띄어 쓰는 경우** 의존 명사 | VS | **'-ㄴ데'와 같이 붙여 쓰는 경우** 어미 |

'데'를 띄어 쓰는 경우 (의존 명사)

❶ '일'이나 '것'의 뜻을 나타내는 말일 때 띄어 쓴다.
  예) 사람을 돕는 <u>데</u>에 애 어른이 어디 있겠습니까?

❷ '곳'이나 '장소'의 뜻을 나타내는 말일 때 띄어 쓴다.
  예) 지금 가는 <u>데</u>가 어디인데?

❸ '경우'의 뜻을 나타내는 말일 때 띄어 쓴다.
  예) 이 그릇은 귀한 거라 손님을 대접하는 <u>데</u>나 쓴다.

'-ㄴ데'와 같이 붙여 쓰는 경우 (어미)

어떤 일을 설명하거나 묻거나 시키거나 제안하기 위하여 그 대상과 상관되는 상황을 미리 말할 때에 쓰는 '-ㄴ데'는 붙여 쓴다.
예)
• 여기가 우리 고향<u>인데</u> 인심 좋고 경치 좋은 곳이지.
• 그 사람이 정직하기는 <u>한데</u> 이번 일에는 적합하지 않다.
• 저분이 그럴 분이 아니<u>신데</u> 큰 실수를 하셨다.

독해 방법 Q&A

" 선생님, 설명 방법을 파악하는 문제를 자꾸 틀려요! "

설명 방법을 파악하는 문제는 독서 영역에서 가장 전형적인 유형의 문제란다. 따라서 글을 읽는 과정 중 실시간으로 설명 방법을 확인하는 것이 중요해! 글을 읽으면서 '아! 시간의 순서에 따라 내용을 전개하고 있군.', '예를 들어 설명하고 있네!'처럼 말이야. 물론 이것만으로 문제를 맞힐 수는 없어. 다양한 설명 방법의 개념을 알고 있어야지! 자주 등장하는 설명 방법인 '정의, 예시, 분석, 구분, 유추, 비교, 대조' 등이 무엇인지 사전에 학습하는 것이 필요하단다.

> 다양한 설명 방법의 개념 알기
>
> +
>
> 글을 읽으며 실시간으로 설명 방법 파악하기

학습 점검표

STUDY 12 의 지문과 문제를 잘 학습했는지 체크한 후, 부족한 부분이 있다면 앞으로 돌아가서 다시 살펴보자~!

지문/문제	나의 체크				보완할 부분
폭풍 에너지의 위험성	○ 1회독　○ 2회독 이상	○ 내용	○ 지문 구조	○ 어휘	
	1　○ 맞힘　○ 틀림	○ 내용	○ 개념&유형	○ 어휘	
	2　○ 맞힘　○ 틀림	○ 내용	○ 개념&유형	○ 어휘	
	3　○ 맞힘　○ 틀림	○ 내용	○ 개념&유형	○ 어휘	
액상화 현상	○ 1회독　○ 2회독 이상	○ 내용	○ 지문 구조	○ 어휘	
	1　○ 맞힘　○ 틀림	○ 내용	○ 개념&유형	○ 어휘	
	2　○ 맞힘　○ 틀림	○ 내용	○ 개념&유형	○ 어휘	
	3　○ 맞힘　○ 틀림	○ 내용	○ 개념&유형	○ 어휘	

옳고 그름을 판단하는 기준

설명 방법 연습하기

지문 구조&정답 및 해설 052쪽

윤리학에서 관심을 두고 있는 것은 "어떤 행위는 옳고 어떤 행위는 그른가?"이다. 이것을 한마디로 말하면 '행위 규범의 문제' 또는 '행위 기준의 문제'라고 할 수 있다. 행위 규범의 문제에서 우리가 답을 찾아야 하는 질문은 "우리가 따라야 할 규범은 무엇인가?"이다. 대부분의 경우 우리가 따라야 할 규범이 무엇인지는 알기 쉬워 보인다. 예를 들어, "거짓말을 해서는 안 된다."와 같은 규범은 따라야 할 규범이겠지만 "약한 자의 돈은 뺏어도 된다."와 같은 규범은 따르지 말아야 할 규범일 것이다.

[A] 하지만 그렇게 간단하지만은 않다. 여러 규범이 충돌할 때에는 어떤 규범은 따르고 어떤 규범은 따르면 안 되는지 알기 어렵다. 스파이 영화에서 주인공이 처한 상황에 담긴 윤리적 갈등을 고민하는 사람은 거의 없을 것이다. 믿었던 상관이 주인공을 무서운 사건의 범인으로 지목하고 체포 명령을 내렸다고 하자. 주인공은 악당과 연락해서 도망을 가는 것이 옳을까? 아니면 상관의 명령에 순순히 복종해서, 자신이 억울하더라도 법이나 조직의 규칙에 따라 체포되어야만 할까? "모함당한 사람은 법을 지키지 않아도 된다."는 우리가 따라야 할 규범인가, 따르지 말아야 할 규범인가?

"우리가 따라야 할 규범은 무엇인가?"에 도움이 될 수 있는 대답은 "옳은 규범을 따라야 한다."이다. 이 대답은 실질적으로 도움이 안 될 것처럼 보이지만 학문적으로는 의미가 있다. 그래서 "어떤 규범이 옳은가?"와 같은 질문이 뒤따르게 된다.

[B] 이 질문에 학자들이 대답하는 방식에는 크게 두 가지가 있다. 하나는 "우리의 목적에 도움이 되는 행위를 하라는 규범이 옳고, 그렇지 않은 규범은 그르다."라는 것이고, 다른 하나는 "절대적으로 옳은 규범들이 있으며, 그 규범이나 그 규범을 따르기 위한 다른 규범들만이 옳고, 그렇지 않은 규범은 옳지 않다."라는 것이다. 이에 따라서 목적론적 윤리설과 의무론적 윤리설이 나타나게 된다. 이 두 입장은 역사적으로 오랫동안 발전해 왔으며, 지금도 윤리학에서 핵심적인 이론이라 할 수 있다.

이 두 가지 윤리설은 규범의 옳고 그름을 결정하는 방식이 서로 다르다. 목적론적 윤리설은 규범 외적인 것, 즉 목적이 규범을 정당화한다. 목적이라는 것은 행위의 결과이므로, 행위의 결과를 기준으로 규범의 옳고 그름을 따질 수 있다. 반면 의무론적 윤리설은 어떤 규범은 무조건 옳다고 말한다. 즉 규범 그 자체 안에 기준이 있어서, 올바른 규범을 지키는 것이 옳은 행위가 되는 것이다.

---

* **규범:** 인간이 행동하거나 판단할 때에 마땅히 따르고 지켜야 할 가치 판단의 기준.

* **갈등:** 칡과 등나무가 서로 얽히는 것과 같이, 개인이나 집단 사이에 목표나 이해관계가 달라 서로 적대시하거나 충돌함. 또는 그런 상태.

* **지목:** 사람이나 사물을 어떠하다고 가리켜 정함.

* **복종:** 남의 명령이나 의사를 그대로 따라서 좇음.

* **모함:** 나쁜 꾀로 남을 어려운 처지에 빠지게 함.

* **정당화:** 정당성이 없거나 정당성에 의문이 있는 것을 무엇으로 둘러대서 정당한 것으로 만듦.

지문 정보 확인

1. 윤리학은 어떤 행위가 옳은 것인가에 관심을 둔다. ( )

2. 사람이 따라야 할 규범에 대한 판단은 서로 충돌하는 경우가 없다. ( )

3. 목적론적 윤리설은 절대적으로 옳은 규범이 있다고 말한다. ( )

1 [A]와 [B]에서 사용한 설명 방법을 바르게 파악한 것은?

	[A]	[B]
①	핵심 개념에 대한 정의를 내리고 있다.	시간의 흐름에 따라 사건을 서술하고 있다.
②	사건이 일어나게 된 원인을 분석하고 있다.	핵심 개념에 대한 정의를 내리고 있다.
③	시간의 흐름에 따라 사건을 서술하고 있다.	사건이 일어나게 된 원인을 분석하고 있다.
④	구체적인 상황을 예로 들어 설명하고 있다.	두 대상의 차이점에 초점을 맞추어 비교하고 있다.
⑤	두 대상의 차이점에 초점을 맞추어 비교하고 있다.	구체적인 상황을 예로 들어 설명하고 있다.

2 윗글을 바탕으로 〈보기〉를 이해한 내용으로 적절하지 <u>않은</u> 것은?

> **보기**
>
> 2019년 ○월 ○○일
> 　오늘 학교에서 오전에 친구들끼리 다툼이 있었다. 오해가 풀리지 않아 수업 시간까지 분위기가 냉랭했다. 수업 시간에 들어오신 국어 선생님께서 우리 반 분위기가 좋지 않다며 무슨 일이 있었는지 나에게 물어보셨다. 선생님께 친구들이 싸운 이야기를 하면 그 친구들이 선생님께 혼나거나 불편해할 것 같아서 나는 아무 말도 하지 못했다. 그런데 한편으로는 사실을 숨기거나 거짓말을 하는 건 나쁜 일인데, 선생님께 사실을 말씀드리는 게 좋지 않을까 하는 생각이 들기도 했다. 이럴 때에는 어떻게 행동하는 게 옳은지 매번 고민스럽다.

① '나'는 어떤 행위가 옳은지에 대해 고민하고 있다.
② 여러 행위 규범이 서로 충돌할 때가 있음을 보여 주는 사례이다.
③ '나'가 선생님께 사실을 알리는 것은 목적론적 윤리설의 관점에서 보면 올바른 행동이다.
④ 친구들을 걱정하여 아무 말도 하지 않는 것은 행위의 결과를 기준으로 결정하는 것이라 할 수 있다.
⑤ 의무론적 윤리설의 관점에서 보면 사실을 숨기거나 거짓말을 하는 것이 나쁘다는 것은 무조건 옳은 규범이 될 수 있다.

옛 그림을 분류하는 방법

지문 구조 & 정답 및 해설 054쪽

옛 그림을 분류하는 가장 흔한 방법은 그리는 대상에 따라 나누는 것이다. 이 방법에 따르면 우리 옛 그림은 산수화, 사군자화, 화조화, 인물화, 영모화, 풍속화 등으로 나눌 수 있다.

먼저 산수화는 산과 물, 즉 자연을 그린 그림이다. 보통 바위, 나무, 바다, 강, 폭포, 집과 함께 사람도 그린다. 사람도 자연의 일부이기 때문이다. 자연을 그린다는 점에서는 외국의 풍경화와 비슷하지만, 자연을 있는 그대로 그렸다기보다는 자연물을 빌려 화가의 마음을 담아낸다는 점이 특징이다. 산수화는 대부분 먹으로 그리는데, 특히 정선의 진경산수화가 유명하다.

사군자화는 매화, 난초, 국화, 대나무의 네 가지 식물을 사계절에 맞춰 그린 그림이다. 매화는 이른 봄에 추위를 이기고 피어서, 난초는 깊은 산속에서 은은한 향기를 내뿜어서, 국화는 늦가을에 찬 서리를 맞고 피어서, 대나무는 겨울에도 푸르게 자라서 선비들이 좋아했다. 모두 군자의 고결한 인품을 상징한다고 보았기 때문에 선비들은 사군자 그림을 반드시 배웠다고 한다.

화조화는 꽃, 나무와 새를 그린 그림이다. 이들은 옛날부터 우리 주위에서 쉽게 볼 수 있었는데, 아름다운 꽃과 나무는 사람들에게 기쁨을 주고, 까치 같은 길조는 행운을 가져다준다고 믿었기에 흔한 그림 소재가 되었다. 화조화는 본래의 느낌을 살려 화려한 색으로도 그렸고, 풍경과 더불어 은은한 먹으로도 그렸다. 작은 생명도 소중히 여겼던 옛 사람들의 마음씨를 엿볼 수 있는 그림으로, 풀과 벌레를 그린 초충도 역시 화조화에 포함될 수 있다.

인물화는 말 그대로 사람을 그린 그림인데, 초상화와 자화상이 대표적이다. 옛날에는 제사상에 반드시 초상화를 놓았기 때문에 인물화를 많이 그렸다. 이때는 있는 모습 그대로 똑같이 그린다. 심지어 못난 부분이나 흉터는 물론 그 사람의 성격까지도 담아낸다. 지금도 옛날에 그려진 초상화를 보면 그 사람의 병이나 성격까지 알아낼 수 있다고 한다.

영모화는 털을 가진 동물을 그린 그림으로, '영'은 새의 깃을, '모'는 짐승의 털을 뜻한다. 넓게 보면 화조화도 영모화에 포함된다. 영모화에는 우리 주위에서 자주 보는 동물들을 잘 관찰하여 섬세하게 그린 작품이 많다. 산수화와는 달리 마치 사진처럼 정확하게 묘사한 게 특징이다.

풍속화는 사람들의 생활 모습을 그린 그림이다. 원래 조선 전기에는 사람들이 살아가는 모습을 세속적이라고 하찮게 여겨 풍속화는 그리지 않았다. 그런데 조선 후기로 들어서면서, 윤두서, 조영석이 풍속화를 그리기 시작하였고, 김홍도는 수준을 한 단계 끌어올려 풍속화를 활짝 꽃피웠다.

지문 정보 확인

1. 옛 그림은 무엇을 그린 그림인가에 따라 나눌 수 있다. ( )

2. 사군자화는 군자의 인품을 상징한다고 보았기 때문에, 모든 사람이 배웠다. ( )

3. 옛 그림에서 인물화를 많이 그린 이유 중 하나는 제사상에 초상화를 올렸기 때문이다. ( )

설명 방법
연습하기

1 윗글의 내용과 일치하지 <u>않는</u> 것은?

① 화조화는 새를 그린다는 점에서 영모화에 포함될 수 있다.
② 사군자화는 군자의 인품을 상징하는 네 가지 식물을 그린 그림이다.
③ 화조화의 그림 소재는 옛날부터 우리 주변에서 쉽게 볼 수 있는 것들이다.
④ 산수화는 실제로 존재하는 자연물을 있는 그대로 표현한다는 점이 특징이다.
⑤ 인물화와 영모화의 공통점은 모두 대상을 사실적으로 정확하게 그린다는 점이다.

2 윗글의 주된 서술 방식에 대한 설명으로 가장 적절한 것은?

① 여러 대상을 공통점과 차이점을 중심으로 비교하고 있다.
② 핵심 개념이 형성되어 온 과정을 시대 순으로 정리하고 있다.
③ 일정한 기준을 세워 이에 따라 대상을 분류하여 서술하고 있다.
④ 핵심 개념에 대하여 있는 그대로 묘사하여 사실적으로 표현하고 있다.
⑤ 시간의 흐름에 따라 대상에 대한 평가가 어떻게 달라졌는지를 밝히고 있다.

3 윗글에 비추어 〈보기〉를 이해한 내용으로 가장 적절한 것은?

▲ 김홍도, 「서당」

① 학문을 수양하는 선비들이 좋아했던 부류의 그림이다.
② 인물을 보면 그 사람의 성격이나 질병까지 알아낼 수 있다.
③ 사람들의 생활 모습을 그렸다는 점에서 인물화에 포함된다.
④ 대상에 화가의 마음을 담아내는 것을 가치 있게 평가하였다.
⑤ 조선 전기에는 낮게 평가하여 그리지 않았던 부류의 그림이다.

어휘 확인

[1~5] 어휘의 뜻풀이와 어휘 ㉠~㉤을 바르게 연결하시오.

[6~10] 예문의 (　　) 안에 들어갈 어휘 ㉠~㉤을 바르게 연결하시오.

뜻풀이	어휘	예문
1 생각하거나 계획한 대로 일을 해냄.	㉠ 규범	**6** 도덕적 (　　)을/를 따르다.
2 곱고 가늘다. 매우 찬찬하고 세밀하다.	㉡ 수행	**7** (　　)인 명예.
3 냄새가 진하지 않고 그윽하다.	㉢ 은은하다	**8** 꽃 향기가 (　　).
4 세상의 일반적인 풍속을 따르는 것.	㉣ 섬세하다	**9** 심리 묘사가 (　　).
5 인간이 행동하거나 판단할 때에 마땅히 따르고 지켜야 할 가치 판단의 기준.	㉤ 세속적	**10** 그는 업무 (　　) 능력이 뛰어나다.

[11~15] 보기의 글자들을 조합하여 다음 뜻풀이에 해당하는 단어를 만드시오.

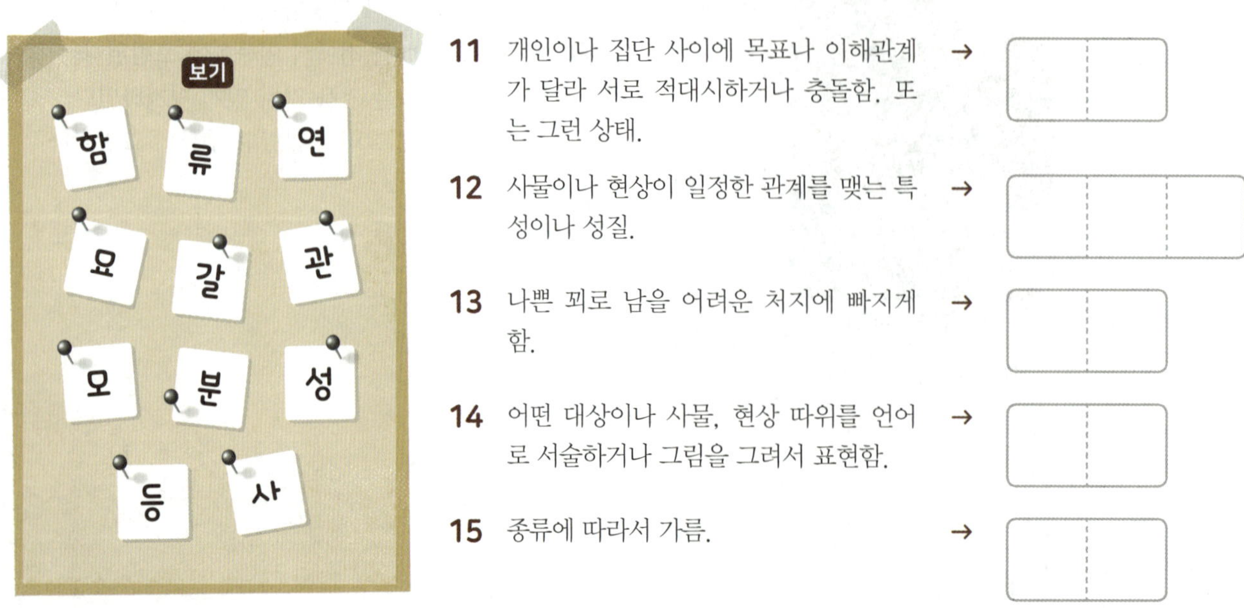

11 개인이나 집단 사이에 목표나 이해관계가 달라 서로 적대시하거나 충돌함. 또는 그런 상태. →

12 사물이나 현상이 일정한 관계를 맺는 특성이나 성질. →

13 나쁜 꾀로 남을 어려운 처지에 빠지게 함. →

14 어떤 대상이나 사물, 현상 따위를 언어로 서술하거나 그림을 그려서 표현함. →

15 종류에 따라서 가름. →

어휘 특강

소리는 같지만 뜻이 다른 단어를 동음이의어(同音異義語)라고 한다.

재다⁵ 형용사 ◄─── 동음이의어 ───► **재다²** 동사

재다

다의어

❶ 동작이 재빠르다.
  예) 발놀림이 <u>재다</u>.

❷ 참을성이 모자라 입놀림이 가볍다.
  예) 입이 <u>재다</u>.

❸ 온도에 대한 물건의 반응이 빠르다.
  예) 양은솥은 가마솥에 비해 무척 <u>재서</u> 물이 금방 끓는다.

다의어

❶ 자, 저울 따위의 계기를 이용하여 길이, 너비, 높이, 깊이, 무게, 온도, 속도 따위의 정도를 알아보다.
  예) 길이를 <u>재다</u>.

❷ 여러모로 따져 보고 헤아리다.
  예) 일을 그렇게 <u>재다가는</u> 아무것도 못한다.

두 가지 이상의 뜻을 가진 단어를 다의어(多義語)라고 한다.

설명 방법 연습하기

독해 방법 Q&A

" 선생님, 설명 방법을 아는 게 왜 중요한가요? "

설명 방법은 여러 가지 글에 널리 사용되지만, 주로 정보 전달을 목적으로 하는 글에 사용될 때가 많단다. 글에 사용된 정의, 예시, 비교와 대조, 분류와 구분, 인과, 분석 등과 같은 설명 방법을 이해하면, 글의 흐름이나 구조를 더 잘 이해할 수 있으니 당연히 글을 이해하는 데에 도움이 되겠지. 또 글쓴이가 사용한 설명 방법이 설명하려는 대상이나 개념에 적합한 것인지 판단해 본다면 글쓴이의 생각에 더 많이 공감하게 될 수도 있고, 적합하지 않은 부분은 비판적으로 생각하게 될 수도 있겠지.

> 설명 방법 파악
> → 정의, 예시,
> 비교와 대조, 분류와 구분,
> 인과, 분석 등 파악
>
> ▼
>
> 사실적 독해, 비판적 독해
> 능력을 기를 수 있음

학습 점검표

STUDY 13의 지문과 문제를 잘 학습했는지 체크한 후, 부족한 부분이 있다면 앞으로 돌아가서 다시 살펴보자~!

지문/문제		나의 체크			보완할 부분
옳고 그름을 판단하는 기준	○ 1회독 ○ 2회독 이상	○ 내용 ○ 지문 구조 ○ 어휘			
	1 ○ 맞힘 ○ 틀림	○ 내용 ○ 개념&유형 ○ 어휘			
	2 ○ 맞힘 ○ 틀림	○ 내용 ○ 개념&유형 ○ 어휘			
옛 그림을 분류하는 방법	○ 1회독 ○ 2회독 이상	○ 내용 ○ 지문 구조 ○ 어휘			
	1 ○ 맞힘 ○ 틀림	○ 내용 ○ 개념&유형 ○ 어휘			
	2 ○ 맞힘 ○ 틀림	○ 내용 ○ 개념&유형 ○ 어휘			
	3 ○ 맞힘 ○ 틀림	○ 내용 ○ 개념&유형 ○ 어휘			

개념 디렉토리

설명 방법

어려워 보였는데 읽다 보니 신기하게 이해가 잘 되는 이유

글쓴이는 핵심 개념이나 자신의 주장, 글의 주제 등을 독자가 이해하기 쉽도록 하기 위하여 여러 가지 설명 방법을 사용한다. 중요한 용어의 뜻을 설명해 주기도 하고, 구체적 사례를 들어 주거나, 다른 개념과의 차이점을 설명해 주기도 하는 것이다. 설명 방법은 여러 가지 글에서 사용될 수 있지만, 주로 정보 전달을 목적으로 하는 글에서 쓰일 때가 많다. 여러 가지 설명 방법을 이해하고 글쓴이의 의도를 추측해 본다면 글을 훨씬 체계적으로 이해할 수 있다.

정의

- 어떤 대상의 뜻을 쉽게 풀어서 설명하는 방법이다. 흔히 '무엇은 무엇이다.'와 같이 표현한다. 사전에 나와 있는 단어의 의미를 활용하는 경우도 많고, 글쓴이가 자신만의 새로운 정의를 내리는 경우도 있다.

> 예 온돌은 불기운이 방 아래를 통과하면서 방을 따뜻하게 해 주는 장치로, 우리나라 및 중국 동북부에서 발달하였다.
>
> ➡ 온돌에 대한 정의를 밝혀, 독자의 이해를 돕고 있다.

예시

- 구체적인 사례를 들어 글의 내용을 이해하기 쉽도록 도와주는 방법이다. 주장하는 글이나 설명적인 글 모두에서 다양하게 활용되는 방법이다.

> 예 과일은 우리 몸을 건강하게 해 준다. 예를 들어, 더위를 날려 주는 수박은 피로 회복에도 좋다. 또 자두는 면역력을 높이는 효과가 있다고 한다.
>
> ➡ '과일은 우리 몸을 건강하게 해 준다.'라는 문장에 대한 구체적인 사례에 해당하는 부분이다.

분석

- 하나의 대상을 몇 개의 부분이나 구성 요소로 나누어 설명하는 방법이다. 얽혀 있거나 복잡한 것을 개별적인 요소나 성질로 풀어서 설명할 때 많이 쓰인다.

> 예 꽃에는 뿌리, 줄기, 잎, 꽃이 있다.
>
> ➡ 분석은 설명하려는 대상을 항목별로 나누는 것이 가장 대표적인 방법이다.

비교와 대조

- 둘 이상의 대상을 설명할 때 많이 이용하는 방법이다. 서로 간의 공통점을 밝혀 설명하는 방법을 비교, 서로 간의 차이점을 밝혀 설명하는 방법을 대조라고 한다.

예 인간과 짐승의 공통점은 모두 동물이라는 점이다. 그러나 인간은 고차원적 사고력을 지녔다는 점에서 짐승과 다르다.	→	글쓴이는 인간의 특성을 설명하기 위하여 다른 짐승과의 공통점과 차이점을 밝히며 설명하고 있다.

분류와 구분

- 분류와 구분은 일정한 기준에 따라 대상을 묶거나 나누어 설명하는 방법이다. 보통 더 일반적이고 포괄적인 개념(상위 개념)을 하위 개념으로 나누는 것을 구분이라 하고, 하위 개념에서 더 추상적인 상위 개념을 찾아내는 것을 분류라고 한다.

예 동물은 포유류, 어류, 양서류, 파충류 등으로 나눌 수 있다. 즉, 포유류는 동물에 속한다.	→	동물을 포유류, 어류, 양서류 등으로 나누는 것은 구분에 속하는 것이고, 포유류는 동물에 속한다는 것은 더 상위 개념으로 정리한 것이므로 분류에 속한다고 볼 수 있다.

인과

- 어떤 일이 일어나게 된 원인과 결과에 대하여 서술하는 방법이다. 논리적인 글이나 과학적인 글에 사용되는 경우가 많다.

예 아침에 비가 너무 많이 와서 지각을 하고 말았다. 담임 선생님께서는 일주일 동안 청소를 하라고 말씀하셨다.	→	비가 너무 많이 온 것은 지각을 하게 된 원인에 해당한다. 또 일주일 동안 청소를 하라고 하신 것은 지각을 한 것에 대한 결과라고 볼 수 있다.

'운동'을 주제로 설명 방법 연습하기	· 정의 운동은 사람의 몸을 단련하거나 건강을 위해 몸을 움직이는 일을 말한다.	· 예시 나는 운동에 소질이 있다. 초등학교 때는 달리기 대표였고, 중학교에 와서는 축구 동아리에서도 활약하고 있다.
	· 분석 육상은 달리기, 뛰기, 던지기를 기본 동작으로 한다.	· 비교와 대조 명상과 운동은 모두 사람을 건강하게 해 준다. 그러나 운동은 신체 단련이 필수적이다.
	· 분류와 구분 경영, 다이빙, 싱크로나이즈드 스위밍 등은 모두 수영 경기 종목이지만, 좁은 뜻에서는 경영만을 수영 경기로 본다.	· 인과 작년부터 아버지와 함께 꾸준히 등산을 다녔다. 그랬더니 뱃살도 빠지고 체력이 좋아진 것 같다.

우리나라에서는 왜 숟가락이 사라지지 않았을까?

지문 구조 & 정답 및 해설 056쪽

논증 방법 파악하기 - 연역, 귀납

*특이: 보통 것에 비하여 특별히 다름.

*보편화: 일부에 한정되어 있다가 사람들에게 널리 퍼짐.

*막론: 따져 말할 나위도 없음.

*기이하다: 기묘하고 이상하다.

*애초: 맨 처음.

*요인: 중요한 원인 또는 조건.

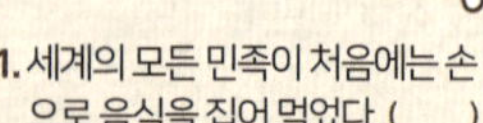

지문 정보 확인

1. 세계의 모든 민족이 처음에는 손으로 음식을 집어 먹었다. (   )

2. 중국과 일본에서는 처음부터 젓가락만 사용하였다. (   )

3. 우리나라에는 물기 있는 음식과 건더기가 들어 있는 국이 많다. (   )

우리나라 식생활에서 특이한 점은 숟가락과 젓가락을 모두 사용한다는 것이다. 오늘날 전 세계에서 음식을 맨손으로 먹는 인구는 약 40%, 나이프와 포크로 먹는 인구는 약 30%, 젓가락으로 먹는 인구는 약 30%라고 한다. 그러나 처음에는 어느 민족이나 모두 음식을 손으로 집어먹었다. 유럽도 마찬가지였다.

동로마 제국의 비잔티움에서 10세기경부터 식탁에 등장한 포크는 16세기에 이탈리아 상류 사회로 전해져 17세기 서유럽의 식생활에 상당한 변화를 일으켰으나, 신분이나 지역에 관계없이 전 유럽에 보편화된 것은 18세기에 이르러서였다. 15세기의 예절서에서 음식 먹는 손의 반대편 손으로 코를 풀라고 했던 것이나, 16세기의 사상가 몽테뉴가 음식을 너무 급하게 먹다가 종종 손가락을 깨물었다는 기록으로도 당시에 포크가 아니라 손가락을 사용하였음을 알 수 있다.

그러나 동아시아 지역에서는 손으로 음식을 먹는 일이 서양보다 훨씬 일찍 사라졌다. 손 대신에 숟가락을 ㉠쓰기 시작했고, 이어서 젓가락을 만들어 숟가락과 함께 썼던 것이다. 그런데 우리나라 고려 후기 즈음해서 중국과 일본에서는 숟가락을 쓰지 않고 젓가락만 쓰기 시작했다. 선조 때 윤국형은 임진왜란 당시 조선에 온 중국인들이 상하를 막론하고 숟가락을 쓰지 않는 것을 보고 기이하게 생각하였고, 통신사로 일본에 다녀온 신숙주도 일본에는 젓가락만 있고 숟가락이 없는 것을 특별히 기록으로 남겨 놓은 바 있다.

하지만 우리나라에서는 지금도 숟가락을 사용하고 있을 뿐 아니라, 숟가락을 밥상 위에 내려놓는 것으로 식사를 마쳤음을 나타낼 정도로 숟가락은 식사 자체를 의미한다. 그렇다면 유독 우리나라에서만 왜 숟가락과 젓가락을 동시에 사용하는 것일까?

[A] 우리나라는 물기가 있는 젖은 음식이 많고, 또 언제나 밥상에 국이 오른다. 국은 대개 건더기가 많으며, 거기에 밥을 말아 먹기도 한다. 미역국, 된장국, 해장국 등 거의 모든 국이 그러하다. 찌개류나 '물만밥'도 숟가락이 필요한 음식이다. 게다가 고려 후기에는 몽고풍의 요리가 전해져 고기를 물에 넣고 삶아 그 우러난 국물과 고기를 함께 먹는 지금의 설렁탕, 곰탕이 생겨났다. 특히 국밥은 애초부터 밥을 국에 말아 놓은 것인데 이런 식생활 풍습은 전 세계에서 유일한 것이라고 한다. 이처럼 우리나라 음식에 물기가 많고, 밥상에 항상 올라가는 국에 건더기가 많은 것은 다른 나라와 달리 우리나라에서는 숟가락이 사라지지 않은 주된 요인으로 작용했다.

1 윗글의 내용과 일치하지 <u>않는</u> 것은?

① 동아시아 지역에서는 젓가락보다 숟가락을 먼저 사용했다.
② 중국에서는 숟가락과 젓가락을 함께 사용했던 시기가 있었다.
③ 설렁탕과 같은 몽고풍의 요리는 우리나라의 숟가락 사용에 영향을 끼쳤다.
④ 포크는 식탁에 등장한 지 얼마 되지 않아 유럽의 모든 사람에게 보급되었다.
⑤ 우리나라에서 숟가락이 사라지지 않은 것은 밥상에 매일 오르는 국과 관련 있다.

논증 방법
파악하기 -
연역, 귀납

2 〈보기〉를 참고할 때, [A]와 유사한 논증 방식이 사용된 것은?

보기

　논증의 대표적인 방법으로는 연역법과 귀납법이 있다. 연역법은 일반적인 원리나 이론으로부터 구체적인 사례를 추론하는 방법이고, 귀납법은 구체적인 사실을 바탕으로 어떤 원리를 일반화하는 방법으로, 구체적인 자료를 통해 결론을 도출한다.

① 지금까지 발견된 에메랄드는 모두 녹색이다. 그러므로 다음에 발견될 에메랄드도 녹색일 것이다.
② 물이 없는 곳에서는 생물이 살지 못한다. 달에는 물이 없다. 그러므로 달에서는 생물이 살지 못한다.
③ 여름 날씨는 습하고 덥다. 지금이 바로 여름이다. 그러므로 지금의 날씨는 습하고 더울 수밖에 없다.
④ 민희는 일찍 시장을 떠났다. 왜냐하면 오후에는 시장이 매우 시끄러운데, 민희는 시끄러운 것을 참을 수 없었기 때문이다.
⑤ 염소는 허파로 숨을 쉰다. 토끼도 허파로 숨을 쉰다. 사람도 허파로 숨을 쉰다. 그런데 염소, 토끼, 사람은 모두 포유동물이다. 이로 보아 모든 포유동물은 허파로 숨을 쉴 것이다.

3 밑줄 친 단어 중, ㉠과 문맥적 의미가 가장 가까운 것은?

① 영수는 글씨를 또박또박 잘 <u>쓴다</u>.
② 나는 울음을 참으려고 안간힘을 <u>썼다</u>.
③ 그는 노래도 부르고 곡도 <u>쓰는</u> 가수 겸 작곡자이다.
④ 그곳에는 컴퓨터를 <u>쓸</u> 줄 아는 사람이 아무도 없었다.
⑤ 그는 오랜만에 창고를 청소하더니 온몸에 먼지를 <u>썼다</u>.

STUDY 14 문화 프레이밍 효과

ⓐ'인간의 선택은 합리적이다.'라는 주류 경제학의 기본 전제와 달리, 행동 경제학은 ⓑ'사람들은 감정에 휘둘리고, 충동적이고, 근시안적이다.'라는 생각에서 출발해 경제 현상을 설명하려고 했다.

행동 경제학자 대니얼 카너먼은 ⓒ다음과 같은 실험을 통해 이러한 이론을 뒷받침했다. 600명의 사람들에게 치명적인 질병에 걸렸다고 가정한 채 치료법을 선택하라고 했다. 첫 번째 질문에서는 A 치료법을 쓰면 200명이 살게 되고, B 치료법을 쓰면 600명이 다 살 확률이 1/3, 아무도 살지 못할 확률이 2/3라고 했다. 두 번째 질문에서는 A 치료법을 쓰면 400명이 죽게 되고, B 치료법을 쓰면 아무도 죽지 않을 확률이 1/3, 600명이 다 죽을 확률이 2/3라고 했다. 그 결과 첫 번째 질문에서는 대부분의 사람이 A 치료법을, 두 번째 질문에서는 B 치료법을 선택했다. 논리적으로 두 개의 질문에 제시된 네 개의 치료법은 모두 동일한 기댓값을 가짐에도 불구하고 사람들은 전혀 다른 판단을 한 것이다.

대니얼 카너먼은 ⓓ이 같은 실험을 통해 사람들이 늘 합리적인 판단을 내리지는 않는다는 것을 증명했다. 이는 판단에 있어서 흔히 범하는 오류로 사람은 자신이 합리적인 선택을 했다고 생각하지만 본질적으로 감성적 판단에 의해서 의사 결정을 하는 경향이 강한 것으로 나타났다.

이처럼 동일한 사건이나 상황임에도 불구하고 어떤 방식으로 질문하느냐에 따라 개인의 판단이나 선택이 달라질 수 있는 현상을 '프레이밍 효과'라고 한다. 이때 제공되는 인식의 틀을 프레임이라고 하는데, 이 틀은 정보를 제공받은 자의 의사 결정에 영향을 미치게 된다. 즉 인식의 틀에 따라서 의사 결정이 달라진다는 것으로, 같은 말을 가지고도 어떤 틀에 담느냐에 따라서 받아들이는 사람이 전혀 다른 행동을 할 수 있다는 것이다.

예를 들어, 똑같은 옷이 A 가게에서는 2만 원인데, B가게에서는 1만 원으로 무려 50%나 싸다. 당연히 대부분의 사람은 품을 들여서라도 B 가게로 갈 것이다. 그럼, 대형 TV를 예로 들어 보자. A 가게에서는 300만 원인데, 버스로 두 정거장 거리에 있는 B 가게에서는 299만 원이다. 1만 원의 혜택을 보기 위해서 품을 들일 것인가. 대부분 아닐 것이다. 옷과 TV, 두 사례 모두 할인 혜택이 1만 원으로 절대 액수는 같지만, 사람들의 반응은 이처럼 크게 달라질 수 있다는 것이다.

이와 같은 프레이밍 효과를 활용하면 상대방의 의사 결정에 중요한 영향을 끼칠 수 있게 되는데, 실제로 이러한 프레이밍 효과는 마케팅 분야에서는 이미 널리 사용되고 있고, 각종 뉴스와 정부의 홍보 내용 속에도 자주 볼 수 있다.

---

*전제: 어떠한 사물이나 현상을 이루기 위하여 먼저 내세우는 것.

*근시안: 눈앞의 일에만 사로잡혀 앞일을 짐작하는 지혜가 없음을 비유적으로 이르는 말.

*오류: 그릇되어 이치에 어긋남.

*감성: 자극에 대하여 느낌이 일어나는 능력.

*인식: 사물을 분별하고 판단하여 아는 일.

*품: 무슨 일에 드는 힘 또는 수고.

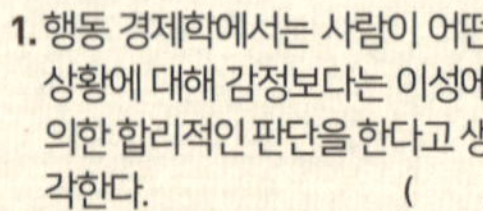

지문 정보 확인

1. 행동 경제학에서는 사람이 어떤 상황에 대해 감정보다는 이성에 의한 합리적인 판단을 한다고 생각한다. ( )

2. 프레이밍 효과는 언론과 정치 분야에서도 자주 활용되고 있다. ( )

3. 동일한 상황이라도 표현 방식에 따라 사람의 선택이 달라질 수 있다. ( )

1 '프레이밍 효과'에 대한 이해로 적절하지 <u>않은</u> 것은?

① 주류 경제학자들과 행동 경제학자들의 생각을 공통적으로 뒷받침하는 이론이다.

② 동일한 상황임에도 불구하고 표현 방식에 따라 개인의 선택이 달라질 수 있다고 본다.

③ 인간은 이성적 판단보다는 감성적 판단에 의존하는 경향이 강하다는 생각을 바탕으로 한다.

④ 컵에 물이 반쯤 담긴 것을 보고 '물이 반이나 남았네.'와 '물이 반밖에 안 남았네.'로 다르게 인식하는 경우와 유사하다.

⑤ 수술을 해야 하는 환자들에게 실패율 10%보다 성공률 90%로 말했을 때에 환자들이 수술을 더 많이 받아들이는 것으로 나타난다.

논증 방법
파악하기 -
연역, 귀납

2 〈보기〉를 참고하여 ⓐ~ⓓ를 이해한 내용으로 적절하지 <u>않은</u> 것은?

> **보기**
>
> 연역법은 일반적인 원리나 이론으로부터 구체적인 사례를 추론하는 방법으로, 가설을 설정하고 구체적 사실 또는 경험적 자료를 통해 이를 증명하여 결론을 도출한다. 대표적인 예는 다음과 같다.
>
> - 모든 사람은 죽는다. → 대전제(일반적 원리나 이론)
> - 소크라테스는 사람이다. → 소전제(구체적 사실 또는 경험적 자료)
> - 그러므로 소크라테스는 죽는다. → 결론(증명)

① ⓐ와 ⓑ는 모두 〈보기〉의 대전제에 해당한다고 볼 수 있다.

② ⓑ와 ⓓ는 동일한 관점을 지니고 있다고 볼 수 있다.

③ ⓒ는 〈보기〉의 소전제인 구체적 사실 또는 경험적 자료에 해당한다고 볼 수 있다.

④ ⓒ는 ⓐ의 대전제를 증명하는 구체적 사례로 볼 수 있다.

⑤ ⓓ는 ⓒ를 바탕으로 도출된 결론에 해당한다고 볼 수 있다.

[1~10] 〈보기〉에서 어휘의 뜻풀이 또는 예문의 (　) 안에 들어갈 어휘 ㉠~㉣을 찾아 쓰시오.

보기

㉠ 특이　　㉡ 요인　　㉢ 보편화　　㉣ 감성　　㉤ 혜택

뜻풀이

1 자극이나 자극의 변화를 느끼는 성질. [　　]

2 보통 것에 비하여 특별히 다름. [　　]

3 사물이나 사건의 성립에 중요한 원인 또는 조건. [　　]

4 일부에 한정되어 있다가 사람들에게 널리 퍼짐. [　　]

5 자연환경이나 사회 제도, 사업 따위가 사람들에게 주는 도움과 이익. [　　]

예문

6 그의 목소리는 (　　　)해서 남들과 쉽게 구별이 된다. [　　]

7 컴퓨터의 사용이 (　　　)을/를 이루었다. [　　]

8 실패의 (　　　)을/를 분석하다. [　　]

9 (　　　)이/가 메말랐는지 요새는 어떤 노래를 들어도 무덤덤하다. [　　]

10 지금 인류는 옛날에는 상상도 못 했던 문명의 (　　　)을/를 누리고 있다. [　　]

[11~15] 다음에서 설명하는 어휘가 무엇일지 사다리를 연결하고 주어진 낱자를 활용하여 쓰시오.

어휘 특강

모호하다
말이나 태도가 흐리터분하여 분명하지 않다.
예 그는 모호하게 대답을 얼버무렸다.

비 애매하다
희미하여 분명하지 아니하다.
예 애매하게 대답하다.

비 흐리멍덩하다
옳고 그름의 구별이나 하는 일 따위가 아주 흐릿하여 분명하지 아니하다.
예 그는 일 처리가 흐리멍덩해서 상사에게 자주 꾸지람을 듣는다.

비 어정쩡하다
분명하지 아니하고 모호하거나 어중간하다.
예 그는 나에게 존대도 아니고 반말도 아닌 어정쩡한 말투로 대꾸하였다.

반 분명하다
모습이나 소리 따위가 흐릿함이 없이 똑똑하고 뚜렷하다.
예 얼굴을 분명하게 알아보다.

반 확실하다
틀림없이 그러하다.
예 회사는 그에게 신원이 확실하면 곧 채용하기로 약속하였다.

반 확연하다
아주 확실하다.
예 그는 기뻐하는 기색이 확연했다.

독해 방법 Q&A

> **선생님, 논증 방법 중에 연역법과 귀납법에 대해 설명해 주세요.**

연역법은 일반적인 원리나 이론으로부터 구체적인 사례를 추론하는 방법으로, 가설을 설정하고 구체적인 사실과 경험적 자료를 통해 이를 증명하여 결론을 도출한단다. 이에 비해 귀납법은 구체적인 사실을 바탕으로 어떤 원리를 일반화하는 방법으로, 구체적인 자료를 통해 결론을 도출한단다.

연역법

모든 사람은 죽는다. (대전제)
↓
소크라테스는 사람이다. (소전제)
↓
그러므로 소크라테스는 죽는다. (결론)

귀납법

소크라테스는 죽었고, 공자도 죽었고, 석가도 죽었다. (구체적 사실)
↓
그런데 그들은 모두 사람이다.
↓
따라서 사람은 모두 죽는다. (결론)

학습 점검표

STUDY **14**의 지문과 문제를 잘 학습했는지 체크한 후, 부족한 부분이 있다면 앞으로 돌아가서 다시 살펴보자~!

지문/문제		나의 체크			보완할 부분
우리나라에서는 왜 숟가락이 사라지지 않았을까?		○ 1회독　○ 2회독 이상	○ 내용　○ 지문 구조　○ 어휘		
	1	○ 맞힘　○ 틀림	○ 내용　○ 개념&유형　○ 어휘		
	2	○ 맞힘　○ 틀림	○ 내용　○ 개념&유형　○ 어휘		
	3	○ 맞힘　○ 틀림	○ 내용　○ 개념&유형　○ 어휘		
프레이밍 효과		○ 1회독　○ 2회독 이상	○ 내용　○ 지문 구조　○ 어휘		
	1	○ 맞힘　○ 틀림	○ 내용　○ 개념&유형　○ 어휘		
	2	○ 맞힘　○ 틀림	○ 내용　○ 개념&유형　○ 어휘		

밥상 떠난 오징어를 찾습니다

논증 방법 파악하기 - 유추

지문 구조 & 정답 및 해설 060쪽

　한국인이 사랑하는 '국민 생선' 중 하나인 오징어가 최근 몇 년간 어획량이 급감하면서 몸값이 천정부지로 뛰어 '금징어'가 됐다. 오징어 연간 어획량은 2016년 12만 톤, 2017년 8만 7천 톤으로 떨어졌고, 2018년에는 5만 톤 이하로 급격히 떨어진 것으로 추정된다.

　전문가들은 오징어 어획량의 급감 이유 중 하나로 기후 변화에 따른 해양 환경 변화에 주목한다. 한국은 사계절이 뚜렷한 온대성 기후였지만 지구 온난화에 따라 아열대성 기후로 바뀌면서 대기 온도가 지속적으로 상승하고 있다. 고수온 현상의 영향으로 인해 오징어 분포 범위가 동해, 서해, 남해 등으로 넓어지면서 어획 효율이 낮아진 것이다. 오징어는 난류성 어종이라 원래 8~9월 동해안에 머물다가 10월 이후에는 따뜻한 남쪽으로 이동한다. 국립수산과학원은 지난 40여 년 동안 한반도의 바다 수온이 약 1.2℃ 올랐다고 발표하였다. 이는 같은 기간 전 세계 상승 폭의 3배 수준이다. 물고기의 경우 수온이 1℃ 증가하면 체감 온도가 8℃ 오르기 때문에 수온 증가로 오징어는 아주 큰 변화를 겪고 있는 것이다.

　오징어가 겪고 있는 변화 중 하나로 오징어 산란장 형성과 번식의 부진을 들 수 있다. 오징어는 겨울철에는 동중국해 남부와 중부, 가을철에는 동중국해 북부와 동해 남부 해역에서 산란한다. 산란하기 가장 알맞은 수온은 18~23℃이나 최근 산란장의 가을철 수온은 산란하기에 적당한 온도보다 높고, 겨울철 수온은 낮아 산란량이 감소한 것이다.

　그렇다면 오징어를 양식하면 안정적인 개체 수 회복에 도움이 될까? 실제로 명태 역시 기후 변화로 인해 한국 바다에 씨가 마른 상태였지만, 양식 기술의 개발로 화려하게 부활하였다. 이에 국립수산과학원은 명태와 마찬가지로 적정 수온을 유지하는 기술을 활용하여 '오징어 자원 회복 프로젝트'를 시작하였다. 그러나 기대와는 달리 아직 성공하지 못하고 있다. 오징어는 '난괴'로 불리는 지름 80cm 정도의 커다란 알 주머니를 물에 낳는데, 3~4일이 지나면 난괴가 흐물흐물 녹으면서 유생들이 빠져나온다. 갓 태어난 유생은 크기가 약 1mm로 매우 작아 채집하기가 쉽지 않기 때문에 난관에 부딪친 것이다.

　결국 지구 온난화로 인한 수온 상승은 어장 지도를 바꾸어 놓을 만큼 생태계 질서에 심각한 영향을 주고 있다. 오징어의 자리를 대신하여 열대 어종인 해파리가 번식하면서 우리나라 바다에 사는 물고기 상당수가 사라질 위기에 처해 있는 게 현실이다. 밥상 떠난 오징어를 찾기 위해 양식 기술을 개발하는 것도 중요하지만 오징어가 안정적으로 산란할 수 있는 환경이 더 이상 사라져서는 안 될 것이다.

어휘 풀이

＊**천정부지**: 천장을 알지 못한다는 뜻으로, 물가 따위가 한없이 오르기만 함을 비유적으로 이르는 말.

＊**아열대성**: 열대와 온대의 중간 지대 성질.

＊**고수온**: 물의 높은 온도.

＊**분포**: 일정한 범위에 흩어져 퍼져 있음.

＊**효율**: 들인 노력과 얻은 결과의 비율.

＊**난류성**: 적도 부근의 저위도 지역에서 고위도 지역으로 흐르는 따뜻한 해류를 가진 성질.

＊**산란장**: 알을 낳는 곳.

＊**부진**: 어떤 일이 이루어지는 기세나 힘 따위가 활발하지 아니함.

＊**개체**: 전체나 집단에 상대하여 하나하나의 낱개를 이르는 말.

＊**유생**: 변태하는 동물의 어린 것. 배(胚)와 성체의 중간 시기.

＊**채집**: 널리 찾아서 얻거나 캐거나 잡아 모으는 일.

＊**난관**: 일을 하여 나가면서 부딪치는 어려운 고비.

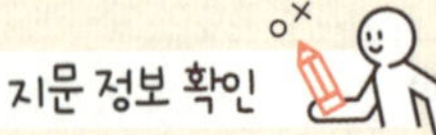

지문 정보 확인

1. 오징어의 어획량은 해마다 급감하고 있는 상황이다. （　）

2. 오징어는 한류성 어종으로 수온 증가에 큰 영향을 받는다. （　）

3. 오징어 양식 기술은 아직 성공하지 못하고 있다. （　）

1 윗글에 대한 설명으로 적절하지 <u>않은</u> 것은?

① 전문가들의 의견을 통해 오징어가 급감하게 된 원인으로 기후 변화를 제시하고 있다.
② 바다 수온이 얼마만큼 증가하였는지 구체적인 수치를 제시하여 심각성을 보여 주고 있다.
③ 명태 양식 기술의 성공 사례를 바탕으로 오징어 양식 개발이 시작되었음을 언급하고 있다.
④ 오징어를 대체할 수 있는 새로운 어종을 소개하여 문제에 대한 해결 방안을 제시하고 있다.
⑤ 오징어의 안정적인 산란 환경 조성을 위해서는 생태계의 질서 회복이 중요함을 강조하고 있다.

2 윗글을 바탕으로 할 때, 〈보기〉의 빈칸에 들어갈 말로 가장 적절한 것은?

보기

국립수산과학원 동해수산연구소가 최근 갑오징어 양식 기술을 개발하는 데 성공하였다. 오징어 양식은 실패하였는데 어떻게 가능했을까? 이에 대한 답을 얻기 위해서는 오징어와 갑오징어를 비교하는 과정이 필요할 것이다. 오징어와 갑오징어는 모두 난류성 어종으로 생김새나 식감이 매우 닮았다. 그러나 결정적으로 생물의 생활 상태 등이 달라 양식 기술도 달라질 수밖에 없었다. 갑오징어는 새끼가 2cm 이상으로 크고, 처음부터 오징어의 유생보다 더 자란 것처럼 태어나 먹이도 스스로 잡아먹는다. 그러므로 갑오징어의 양식 기술 개발이 먼저 성공할 수 있던 것은 ______________________

① 갑오징어의 개체를 보호하기 위해 무분별한 남획을 금지했기 때문이다.
② 양식 과정에서 오징어보다 갑오징어를 채집하는 것이 훨씬 쉬웠기 때문이다.
③ 갑오징어는 열대 어종과 함께 번식이 가능하여 개체 수가 줄어들지 않았기 때문이다.
④ 오징어와 달리 갑오징어는 수온이 변화해도 산란량에 큰 변화가 나타나지 않기 때문이다.
⑤ 오징어와 갑오징어 모두 난류성 어종이기 때문에 똑같은 양식 기술을 적용할 수 있었기 때문이다.

식량난 극복인가, 위험한 조작인가

📖 지문 구조 & 정답 및 해설 062쪽

*변형: 모양이나 형태가 달라지거나 달라지게 함.

*인위적: 자연의 힘이 아닌 사람의 힘으로 이루어지는 것.

*기아: 굶주림.

*내성: 약물의 반복 복용에 의해 약효가 저하하는 현상.

*논쟁: 서로 다른 의견을 가진 사람들이 각각 자기의 주장을 말이나 글로 논하여 다툼.

*주입: 흘러 들어가도록 부어 넣음.

*항생제: 미생물이 만들어 내는 항생 물질로 된 약제. 다른 미생물이나 생물 세포를 선택적으로 억제하거나 죽인다.

*전이: 자리나 위치 따위를 다른 곳으로 옮김.

"우리 슈퍼 돼지는 크고 아름다울 뿐만 아니라, 사료도 적게 먹고 배설물도 적게 배출할 겁니다." 영화 '옥자'에 등장하는 슈퍼 돼지는 단순히 '크고 맛좋은 고기'를 위해 인간이 돼지 유전자를 변형*해 만든 동물이다. 이러한 '유전자 조작'은 더 이상 머나먼 영화 속 이야기가 아니다. 유전자가 변형된 토마토, 옥수수 등의 식물들이 식량 부족의 해결사를 자처하며 현재 인간의 먹이가 되고 있다.

생명 공학의 힘으로 과학자들이 만들어 낸 새로운 농작물이 바로 GMO(유전자 변형 농작물)이다. 식물의 유전자를 인위적*으로 바꾸어서 기존의 식물들이 가진 단점을 없애고 인간에게 유용한 식물로 탈바꿈시킨 것이다. 잘 무르지 않는 토마토나 제초제에 강한 콩, 옥수수 등이 그 예이다. 이에 대해 인류의 기아* 문제를 해결할 수 있는 '제2의 녹색 혁명'으로 환영하는 목소리가 있는가 하면, 인간과 환경에 치명적인 악영향을 끼치는 '프랑켄푸드'(괴물 음식)에 지나지 않는다는 비판의 목소리도 동시에 터져 나오고 있다.

GMO 찬성론자들은 유전자 변형 작물은 인체에 해가 없으며 식량 문제 해결의 대안이 될 수 있다고 주장한다. 예컨대 민들레에서 추출한 유전자를 쌀에 이식하여 비타민 A가 강화된 새로운 쌀이 영양학적으로 더 우수하다. 또, 올레인산이 함유된 유전자를 첨가한 대두가 있다고 하자. 올레인산은 인간에게 유용한 영양소이다. 곧, 이 대두도 인간에게 영양학적으로 더 우수할 수밖에 없다. 이외에도 병충해에 내성*을 가진 작물의 개발을 통해 농약 사용을 줄임으로써 오히려 환경 파괴를 ⓐ막을 수 있다는 입장이다.

반면 ㉠반대론자들의 반박도 만만치 않다. GMO 식품의 안전성에 대한 논쟁*에서 반대론자들이 들고 나오는 것은 '잠재적 위험성'이다. 사실, 다른 종의 유전자를 도입한 전혀 새로운 식품의 안전성을 검증하기에는 GMO가 세상에 나온 약 30여 년의 시간이 너무 짧을 수 있다. 실제로 유전자 조작을 통해 식물에 주입*된 항생제* 내성 유전자가 식품의 형태로 섭취되었을 경우 인체의 항생제 내성을 키울지도 모른다는 주장도 제기됐다. 또한 해충이나 제초제에 대한 저항성을 가진 식물의 유전자가 생태계로 전이*됐을 경우, 역으로 해충과 잡초들이 저항성 유전자를 품게 됨으로써 슈퍼 해충이나 슈퍼 잡초가 탄생할 수 있다는 우려도 제기되고 있다.

이처럼 팽팽히 맞서고 있는 GMO 찬반 논쟁은 결과론적으로 GMO 식품에 대한 소비자들의 불신과 공포를 확대 생산하고 있는 것이 사실이다. 흔히 생명 공학 기술을 '칼의 양날'에 비유하듯이 GMO가 인류에게 약이 되는지 독이 되는지의 논쟁은 다른 어떤 것보다 신중을 기해야 한다. 결국 과학자들은 먹거리 안전에 대한 인식이 확실해질 수 있도록 생명 공학 기술이 초래하는 부작용을 최대한 줄이기 위해 노력해야 할 것이다.

지문 정보 확인 ✏️

1. 유전자 변형 식품들은 아직 우리의 먹거리에 포함되어 있지 않다.　　　　　(　)

2. GMO 찬성론자들은 GMO가 기아 문제를 해결할 수 있다고 주장한다.　　　(　)

3. GMO 반대론자들은 GMO 연구에 많은 돈이 들어간다고 주장한다.　　　　(　)

1 윗글의 전개 방식에 대한 설명으로 적절하지 <u>않은</u> 것은?

① 예시를 통해 독자의 이해를 돕고 있다.
② 핵심 개념을 밝히면서 내용을 전개하고 있다.
③ 질문을 던짐으로써 독자의 관심을 유도하고 있다.
④ 서로 상반된 관점을 지니고 있는 입장을 소개하고 있다.
⑤ 다른 대상과의 유사한 속성을 비교하여 결론을 내리고 있다.

2 ㉮의 입장을 뒷받침할 수 있는 사례를 〈보기〉에서 모두 고른 것은?

보기

㉠ 척박한 환경에서도 잘 버티는 유전자 변형 고구마를 만들어 내어 앞으로의 식량난을 해결하고자 한다.
㉡ 유전자 변형 감자를 먹인 쥐 실험에서 쥐의 면역 체계와 질병 저항력이 떨어진다는 실험 결과가 나왔다.
㉢ 해충 저항성 토양 박테리아인 BT 유전자를 넣은 면화에는 해충이 접근하지 않아 살충제를 거의 사용하지 않게 되었다.
㉣ 면화에 애벌레 퇴치 유전자를 주입하였는데, 새로워진 면화 잎에 애벌레가 스스로 적응하며 한 단계 '체질 개선'이 되는 모습을 보여 주었다.

① ㉠, ㉡　　　　　　　② ㉠, ㉢　　　　　　　③ ㉡, ㉢
④ ㉡, ㉣　　　　　　　⑤ ㉢, ㉣

3 밑줄 친 단어 중, ⓐ와 문맥적 의미가 가장 유사한 것은?

① 정원을 울타리로 <u>막아</u> 버렸다.
② 추위를 어떻게 <u>막아야</u> 할지 걱정이다.
③ 소방관들의 빠른 진압으로 화재를 <u>막을</u> 수 있었다.
④ 경호원들이 우리가 안으로 들어가려는 것을 <u>막았다</u>.
⑤ 상대편의 공격만 잘 <u>막으면</u> 이번 경기를 이길 수 있다.

어휘 확인

[1~10] 보기 에서 어휘의 뜻풀이 또는 예문의 (   ) 안에 들어갈 어휘 ㉠~㉤을 찾아 쓰시오.

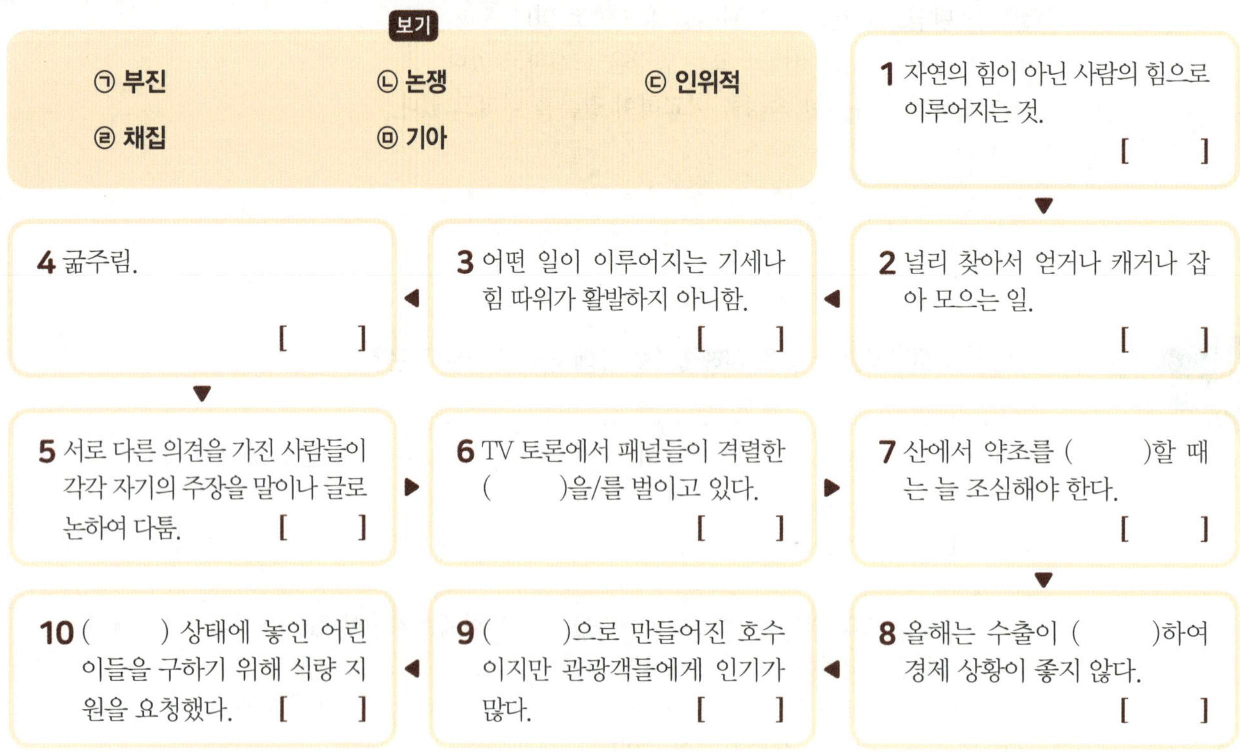

보기
㉠ 부진　　㉡ 논쟁　　㉢ 인위적
㉣ 채집　　㉤ 기아

1 자연의 힘이 아닌 사람의 힘으로 이루어지는 것.
[　　　]

2 널리 찾아서 얻거나 캐거나 잡아 모으는 일.
[　　　]

3 어떤 일이 이루어지는 기세나 힘 따위가 활발하지 아니함.
[　　　]

4 굶주림.
[　　　]

5 서로 다른 의견을 가진 사람들이 각각 자기의 주장을 말이나 글로 논하여 다툼.
[　　　]

6 TV 토론에서 패널들이 격렬한 (　　　)을/를 벌이고 있다.
[　　　]

7 산에서 약초를 (　　　)할 때는 늘 조심해야 한다.
[　　　]

8 올해는 수출이 (　　　)하여 경제 상황이 좋지 않다.
[　　　]

9 (　　　)으로 만들어진 호수이지만 관광객들에게 인기가 많다.
[　　　]

10 (　　　) 상태에 놓인 어린이들을 구하기 위해 식량 지원을 요청했다.
[　　　]

[11~15] 다음에서 설명하는 어휘가 무엇일지 주어진 낱자를 활용하여 쓰시오.

11 들인 노력과 얻은 결과의 비율.

12 모양이나 형태가 달라지거나 달라지게 함.

13 흘러 들어가도록 부어 넣음.

14 전체나 집단에 상대하여 하나하나의 낱개를 이르는 말.

15 자리나 위치 따위를 다른 곳으로 옮김.

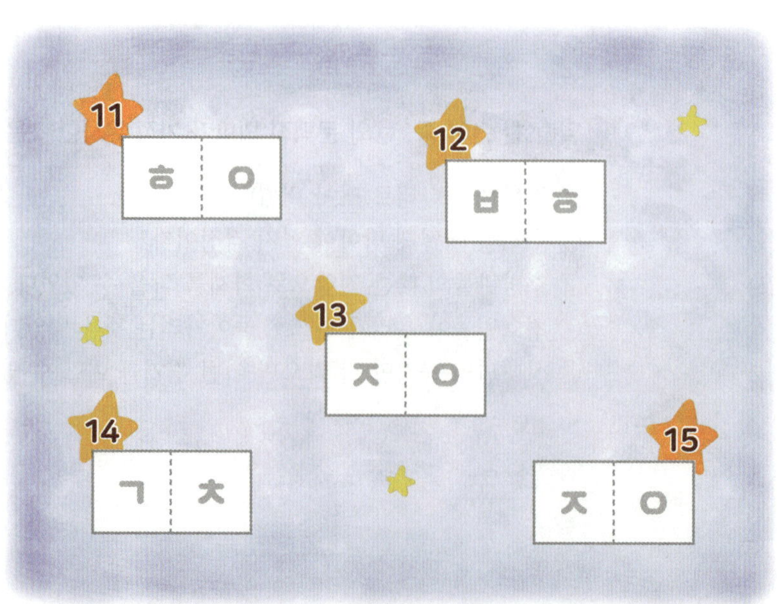

어휘 특강

● 접미사 '-적'의 이해 ●

체계적: 일정한 원리에 따라서 낱낱의 부분이 짜임새 있게 조직되어 통일된 전체를 이루는 것.
포괄적: 일정한 대상이나 현상 따위를 어떤 범위나 한계 안에 모두 끌어넣는 것.
문화적: 문화와 관련된 것.
사전적: 사전에서 하는 것과 같은 방식의. 또는 그런 것.
역사적: 역사에 관한 것.
물리적: 물질의 원리에 기초한 것.
사회적: 사회에 관계되거나 사회성을 지닌 것.
정치적: 정치와 관련된 것.

논증 방법
파악하기
- 유추

독해 방법 Q&A

" 선생님, 유추에 의한 논증 방법이란 무엇인가요? "

유추란 어떤 사물이나 현상의 성질을 그와 비슷한 다른 사물이나 현상에 기초하여 결론을 내리는 방법이란다. 즉 '알고자 하는 특성의 확정 – 알고 있는 대상과의 비교 – 결론 내리기'의 과정을 통해 이루어지지. 예를 들어, '백조가 날 수 있을까?'라는 의문이 들 때 자신이 알고 있는 비둘기와 백조 사이에 깃털과 날개가 있다는 공통점을 발견하게 된다면 백조가 날 수 있다는 결론을 내릴 수 있는 것이지.

알고자 하는 특성의 확정
↓
알고 있는 대상과의 비교
↓
결론 내리기

학습 점검표 STUDY 15 의 지문과 문제를 잘 학습했는지 체크한 후, 부족한 부분이 있다면 앞으로 돌아가서 다시 살펴보자~!

지문/문제		나의 체크			보완할 부분
밥상 떠난 오징어를 찾습니다		○ 1회독 ○ 2회독 이상	○ 내용 ○ 지문 구조	○ 어휘	
	1	○ 맞힘 ○ 틀림	○ 내용 ○ 개념&유형	○ 어휘	
	2	○ 맞힘 ○ 틀림	○ 내용 ○ 개념&유형	○ 어휘	
식량난 극복인가, 위험한 조작인가		○ 1회독 ○ 2회독 이상	○ 내용 ○ 지문 구조	○ 어휘	
	1	○ 맞힘 ○ 틀림	○ 내용 ○ 개념&유형	○ 어휘	
	2	○ 맞힘 ○ 틀림	○ 내용 ○ 개념&유형	○ 어휘	
	3	○ 맞힘 ○ 틀림	○ 내용 ○ 개념&유형	○ 어휘	

설득하는 글 이해하기

직접 행동, 시민의 저항이 법으로 발전해 온 것

지문 구조 & 정답 및 해설 064쪽

2001년, 오이도역에서 휠체어 리프트가 추락해 장애인이 사망한 사건으로 인해 장애인들은 크게 분노했다. 지하철 선로를 점거하고 열차를 막아섰으며, 몸에 사슬을 걸고 버스와 도로를 점거하였다. 단식 농성에 이르기까지 장애인들의 시위는 오랜 기간 지속되었다. 이들의 요구는 '장애인 이동권' 보장이었다. 이동권이 누구의 이름이냐고 묻는 사람들이 있을 정도로 당시에는 이 말이 무척이나 생소한 개념이었다.

장애인 이동권 보장을 요구하는 장애인들의 시위로 인해 적지 않은 사회적 비용이 들었지만, 다른 한편으로 이 사건은 우리 사회가 가지고 있던 장애인에 대한 여러 가지 차별을 깨닫게 해 주었을 뿐만 아니라 실질적으로도 많은 것을 바꾸게 했다. 그동안 예산, 설계상·구조상의 문제 등 여러 가지 이유로 불가능하다고 했던 장애인 편의 시설들이 만들어지기 시작했다. 또 지하철역의 엘리베이터 설치, 저상 버스 도입, 보행 환경 개선 등 거리 모양이 매우 빠르게 바뀌기 시작한 것은 물론, 2003년에는 국립 국어원에서 '이동권'이라는 단어를 사전에 수록하기에 이르렀다.

이러한 장애인 이동권 보장 시위의 경우와 같이, 법이 인권을 보장하지 못하고 있다면 법의 범위와 한계를 넘어서더라도 인권을 확보하기 위한 행동은 정당하다고 평가받는다. 그것이 바로 '직접 행동' 또는 '시민 불복종'이라고 불리는 개념이다. 이 사례와 같이 인권은 역사적으로 끊임없이 부당한 현실과 왜곡된 법에 대해 불법을 감수한 시민들의 저항을 통해 점차 보장되어 왔다.

[A] 법이 인권의 실현에 어느 정도 긍정적인 역할을 한 것은 분명하다. 근대 시민 혁명의 목표와 인권 선언의 핵심이 바로 법을 통한 인권의 보장이었다. 하지만 사회의 변화에 따라 법이 유연하게 변화하지 않고 과거의 모습만을 고집하게 되면 법과 인권은 같이 죽어 가게 된다. 그래서 법에도 혈관이 있어야 한다. 인간을 위한 따뜻한 피가 흘러야만 법과 인권은 함께 살아가는 것이다. 이를 위해 시민들은 항상 인권의 눈으로 법을 바라보아야 한다.

***점거:** 어떤 장소를 차지하여 자리를 잡음.

***시위:** 많은 사람이 공공연하게 의사를 표시하여 집회나 행진을 하며 위력을 나타내는 일.

***생소하다:** 어떤 대상이 친숙하지 못하고 낯이 설다.

***개념:** 어떤 사물이나 현상에 대한 일반적인 지식.

***저상 버스:** 노약자나 장애인들이 휠체어를 탄 채 버스에 쉽게 오를 수 있도록 바닥이 낮고 출입구에 경사판을 설치한 버스.

***인권:** 인간으로서 당연히 가지는 기본적 권리.

***직접 행동:** 규범이나 제도 따위를 무시하고 곧바로 자기의 의사를 관철하려는 행동.

지문 정보 확인

1. 오이도역 사건이 발생했을 당시에 '이동권'은 많은 사람에게 익숙한 단어였다. (　　)

2. 오이도역 사건으로 인한 시위 이후 장애인 이동과 관련된 시설들이 갖추어지기 시작했다. (　　)

3. 직접 행동이란 법의 테두리 안에서 인권 보장을 위해 노력하는 것을 말한다. (　　)

1 윗글을 통해 알 수 있는 내용이 <u>아닌</u> 것은?

① 오이도역 사건 이전에 '이동권'은 많은 사람에게 낯선 단어였다.
② 오이도역 사건은 우리 사회가 지닌 장애인에 대한 차별을 깨닫게 했다.
③ 오이도역 사건 이후 장애인의 이동권이 실질적으로 개선되기 시작했다.
④ 오이도역 사건으로 분노한 장애인들은 법의 범위 안에서 저항을 시도했다.
⑤ 오이도역 사건은 부당한 현실에 대한 시민들의 '직접 행동'으로 볼 수 있다.

2 [A]에 사용된 표현 방법에 대한 설명으로 가장 적절한 것은?

① 연결되거나 비슷한 어구의 말을 여러 개 늘어놓고 있다.
② 다른 이의 말을 인용함으로써 글의 신뢰성을 높이고 있다.
③ 살아 있지 않은 것을 마치 살아 있는 것처럼 표현하고 있다.
④ 스스로 묻고 답하는 형식을 통해 글의 내용을 부각하고 있다.
⑤ 실제 말하고자 하는 바와 반대로 말하며 내용을 강조하고 있다.

3 윗글에서 글쓴이가 궁극적으로 말하고자 하는 것은?

① 장애인의 이동권 확보를 위해 노력해야 한다.
② 시위 없는 사회를 만들기 위해 노력해야 한다.
③ 시민은 법을 지켜야 하는 의무를 지니고 있다.
④ 법은 인권을 보장할 수 있도록 변화해야 한다.
⑤ 인권 보장 요구는 법의 범위 안에서 이루어져야 한다.

「달마도」의 가치

지문 구조 & 정답 및 해설 066쪽

우리에게 친숙한* 그림인 「달마도」는 김명국이 조선 통신사로 일본에 머물렀을 때 그린 것이다. 그는 1636년과 1643년에 통신사 수행 화원으로 발탁되어 일본에 방문하였는데, 특히 서화*에 대한 일본인들의 요구가 많았기 때문에 통신사 구성원 중 수행 화원은 최고의 기량*을 가진 화가가 선발되었다.

일본에 파견된 통신사 화원들은 다양한 그림을 남겼으나, 그중 도석 인물화가 큰 비중을 차지하고 있다. 도석 인물화는 도교의 신선이나 불교의 고승* 등을 그린 것인데, 일본인들은 이것이 복(福)을 구하고 나쁜 일을 물리칠 수 있다고 ㉠생각했기 때문에 매우 좋아했다. 특히 도석 인물화로 유명했던 김명국이 통신사에 포함되었다는 소문이 나면 일본 전체가 떠들썩했고, 김명국의 그림을 얻으려 밀려드는 일본인들 때문에 그는 쉴 틈 없이 그림을 그려야 했다.

김명국, 「달마도」

「달마도」는 인도의 고승 보리달마를 그린 작품으로, 김명국 그림 중 단연 걸작으로 꼽힌다. 옷의 전체적인 모습은 몇 개 안 되는 획으로 단순하게 그렸으며, 눈매와 코, 눈썹과 수염을 세밀하게 묘사하여 보리달마의 이국적*인 얼굴을 잘 표현했다. 김명국은 평소 예측할 수 없는 파격적* 형식미와 순간성 등을 느낄 수 있는 그림을 즐겨 그렸는데, 「달마도」의 힘 있게 뻗어 있는 거친 붓질은 그만의 파격과 순간성을 충분히 느낄 수 있게 한다. 이러한 특징은 다른 도석 인물화에서는 찾아볼 수 없는 독창적인 것이다.

김명국은 '발묵(潑墨)'과 '파필(破筆)'이라는 화법의 대가였다. '발묵'은 붓에 먹을 듬뿍 머금은 채 빠르게 움직여 번지는 효과를 의도하는 기법이다. 이는 전통적 윤곽선을 무시한 기법으로, 김명국은 인물의 옷 등을 그릴 때 주로 이 화법을 사용했다. '파필'은 붓끝이 갈라지도록 거칠게 선을 긋는 기법이다. 이는 예상치 못한 형상*을 자아낼 수 있는 기법으로, 순간성을 표현하는 효과적인 방법이었다.

「달마도」에는 김명국의 천부적* 재능에 따른 독창성이 드러나 있으며, 전통적인 화법은 물론 작가의 끊임없는 노력에 의해 얻어진 개성적인 화법이 한데 어우러져 있다. 따라서 김명국이 그린 「달마도」는 우리나라 최고의 도석 인물화로 평가하기에 모자람이 없을 것이다.

---

* **친숙하다**: 친하여 익숙하고 허물이 없다.
* **서화**: 글씨와 그림을 아울러 이르는 말.
* **기량**: 기술 따위에서 지니고 있는 재주.
* **고승**: 불교에서 덕이 높은 승려를 이르는 말.
* **이국적**: 자기 나라가 아닌 다른 나라에 특징적인. 또는 그런 것.
* **파격적**: 일정한 격식을 깨뜨리는.
* **형상**: 사물의 생긴 모양이나 상태.
* **천부적**: 태어날 때부터 지닌.

지문 정보 확인

1. 「달마도」는 김명국이 조선 통신사의 수행 화원으로 일본에 갔을 때 그린 것이다. ( )

2. 김명국은 보리달마의 얼굴을 몇 개 안 되는 획으로 단순하게 표현했다. ( )

3. 「달마도」에는 김명국 특유의 파격과 순간성이 잘 드러나 있다. ( )

1 윗글에 대한 설명으로 가장 적절한 것은?

① 작가의 다양한 작품을 열거한 후 창작 방법에 대해 평가하고 있다.

② 작가가 사용한 창작 방법을 비교하며 장점과 단점에 대해 서술하고 있다.

③ 작가의 행적과 작품의 특징을 분석한 후 글쓴이 나름의 평가를 내리고 있다.

④ 작가가 살았던 시대의 사회적 배경을 분석한 후 작품의 의의를 설명하고 있다.

⑤ 작가의 생애에서 중요한 내용을 시간 순서에 따라 밝힌 후 업적을 평가하고 있다.

2 윗글을 참고할 때, 〈보기〉의 빈칸에 들어갈 학생의 반응으로 적절하지 <u>않은</u> 것은?

보기

선생님: 이 작품은 김명국이 1643년에 그린 「수노인도」입니다. '수노인'은 도교에서 사람의 수명을 담당하는 신선이지요. 이 작품의 특징을 이야기해 볼까요?

학생: ______________________________

① 「수노인도」는 도석 인물화의 일종으로 김명국이 일본에 머물렀을 때 그린 것으로 추측됩니다.

② 「수노인도」가 창작되었을 때 일본인들은 이 그림이 나쁜 일을 물리칠 수 있다고 생각했을 것입니다.

③ 「수노인도」의 힘 있게 뻗어 있는 거친 붓질을 통해 김명국만의 파격과 순간성을 느낄 수 있습니다.

④ 「수노인도」에서 옷의 전체적인 모습은 몇 개 안 되는 획으로 단순하게 그렸음을 확인할 수 있습니다.

⑤ 「수노인도」에서 눈썹과 수염을 그린 부분에서는 발묵 기법을 활용하여 번지는 효과를 의도했을 것입니다.

3 ㉠과 바꾸어 쓰기에 가장 적절한 것은?

① 판단(判斷)했기   ② 사색(思索)했기   ③ 고찰(考察)했기

④ 구상(構想)했기   ⑤ 궁리(窮理)했기

[1~5] 어휘의 뜻풀이와 어휘 ㉠~㉤을 바르게 연결하시오.
[6~10] 예문의 (   ) 안에 들어갈 어휘 ㉠~㉤을 바르게 연결하시오.

뜻풀이	어휘	예문

뜻풀이

1 일정한 격식을 깨뜨림.

2 기술 따위에서 지니고 있는 재주.

3 많은 사람이 의사를 표시하기 위하여 위력을 나타내는 일.

4 사물의 생긴 모양이나 상태.

5 자기 나라가 아닌 다른 나라에 특징적인. 또는 그런 것.

어휘

㉠ 형상

㉡ 파격

㉢ 이국적

㉣ 시위

㉤ 기량

예문

6 민주화 (   ).

7 회사에서는 그에게 (   ) 대우를 약속했다.

8 꿈에서 본 건물은 그 (   ) 이/가 뚜렷하지 않았다.

9 대회에서 그는 (   )을/를 마음껏 발휘했다.

10 여행을 가서 (   ) 풍경을 바라보는 것이 좋다.

[11~15] 보기 의 글자들을 조합하여 다음 뜻풀이에 해당하는 단어를 만드시오.

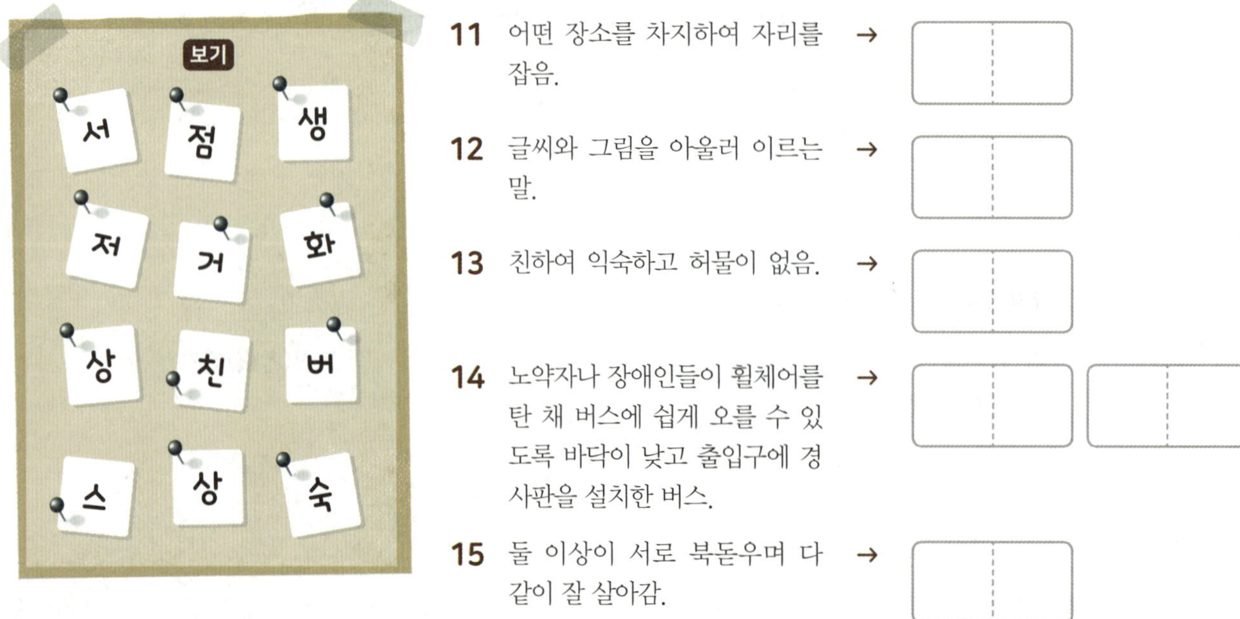

11 어떤 장소를 차지하여 자리를 잡음. →

12 글씨와 그림을 아울러 이르는 말. →

13 친하여 익숙하고 허물이 없음. →

14 노약자나 장애인들이 휠체어를 탄 채 버스에 쉽게 오를 수 있도록 바닥이 낮고 출입구에 경사판을 설치한 버스. →

15 둘 이상이 서로 북돋우며 다 같이 잘 살아감. →

어휘 특강

소리는 같지만 뜻이 다른 단어를 동음이의어(同音異義語)라고 한다.

| 쓰다¹ 동사 | ← 동음이의어 → | 쓰다³ 동사 |

쓰다¹ 동사

다의어

❶ 붓·펜 따위로 획을 그어 글씨를 이루게 하다.
 예 소희는 붓으로 한자를 쓰고 있다.

❷ 글을 짓다.
 예 시를 쓰는 일은 참으로 어렵다.

두 가지 이상의 뜻을 가진 단어를 다의어(多義語)라고 한다.

쓰다

쓰다³ 동사

❶ (사람이 힘이나 마음을) 무엇을 하는 데에 들이거나 기울이다.
 예 아무리 애를 써도 소용이 없다.

❷ 어떤 일이나 목적을 위하여 들이거나 소모하다.
 예 우리 집은 외식하는 데 돈을 좀 많이 쓴다.

❸ (사람이 물건을) 어떤 일을 하는 데 도구나 수단으로 다루다.
 예 전기톱을 쓰면 큰 목재도 쉽게 자를 수가 있다.

다의어

설득하는 글 이해하기

독해 방법 Q&A

> " 선생님, 글에서 내용을 펼쳐 나가는 방법에는 무엇이 있나요? "

글에서 내용을 펼쳐 나가는 방법을 내용 전개 방법이라고 한단다. 내용 전개 방법은 크게 세 가지로 나누어 볼 수 있어. 첫 번째는 시간적 순서에 따라 내용을 펼쳐 나가는 방법이야. 대표적으로 기행문이나 일기와 같은 글이 시간적 순서에 따라 전개되지. 두 번째는 공간적 순서에 따라 내용을 펼쳐 나가는 방법이야. 주로 대상을 묘사하는 글이 공간적 순서에 따라 전개된단다. 세 번째는 논리적 순서에 따라 내용을 펼쳐 나가는 방법이야. 주로 설득하는 글인 논설문이 논리적 순서에 따라 전개되지. 따라서 자신이 어떤 종류의 글을 읽는지 생각해 보면, 그 글의 내용 전개 방법을 파악하는 데 많은 도움을 얻을 수 있을 거야.

글의 종류 파악하기

↓

글의 내용 전개 방법 파악하기

↓

내용 전개 방법에 따라 글 읽기

학습 점검표

STUDY 16 의 지문과 문제를 잘 학습했는지 체크한 후, 부족한 부분이 있다면 앞으로 돌아가서 다시 살펴보자~!

지문/문제		나의 체크				보완할 부분
직접 행동, 시민의 저항이 법으로 발전해 온 것		○ 1회독　○ 2회독 이상	○ 내용	○ 지문 구조	○ 어휘	
	1	○ 맞힘　○ 틀림	○ 내용	○ 개념&유형	○ 어휘	
	2	○ 맞힘　○ 틀림	○ 내용	○ 개념&유형	○ 어휘	
	3	○ 맞힘　○ 틀림	○ 내용	○ 개념&유형	○ 어휘	
「달마도」의 가치		○ 1회독　○ 2회독 이상	○ 내용	○ 지문 구조	○ 어휘	
	1	○ 맞힘　○ 틀림	○ 내용	○ 개념&유형	○ 어휘	
	2	○ 맞힘　○ 틀림	○ 내용	○ 개념&유형	○ 어휘	
	3	○ 맞힘　○ 틀림	○ 내용	○ 개념&유형	○ 어휘	

공기업 민영화, 공익을 위한 선택인가?

매체 읽기
방법 적용하기
– 표, 그래프

*공기업: 국가나 지방 자치 단체가 사회 공공의 복리를 증진하기 위하여 경영하는 기업.

*대행: 남을 대신하여 행함.

*부채: 남에게 빚을 짐. 또는 그 빚.

*원가: 상품의 제조, 판매, 배급 따위에 든 돈과 노동력을 단위에 따라 계산한 가격.

*독점적: 물건이나 자리 따위를 독차지하는 것.

*해이: 긴장이나 규율 따위가 풀려 마음이 느슨함.

*민영화: 관에서 운영하던 기업 따위를 민간인이 경영하게 함.

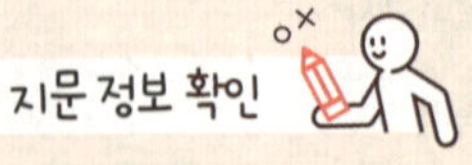

지문 정보 확인

1. 공기업은 일반적으로 불안한 수익 구조를 갖고 있다. （　）

2. 공기업의 높은 부채 비율로 인해 국민들의 세금이 늘어날 수 있다. （　）

3. 공기업이 관리하고 있는 영역은 국민 생활에 필수적인 부분이 많다. （　）

📖 지문 구조&정답 및 해설 068쪽

　공기업은 일반적으로 정부의 지원 아래, 정부에서 해야 할 일들을 대행*하기 때문에 안정적인 수익 구조를 갖고 있다. 2013년 4월 기획재정부가 발표한 295개 공공 기관의 부채는 총 493.4조 원으로 전년에 비해 34.4조 원이 증가한 것으로 나타났다. 이 가운데 28개 공기업의 부채는 약 353.6조 원으로 국내 총생산(GDP) 대비 약 28%를 차지한다. 공기업의 부채는 해마다 증가하고 있을 뿐만 아니라 자본 대비 부채 비율도 200%를 넘어 지속적으로 악화되고 있는 추세이다. 이들 공기업의 높은 부채 비율은 적자로 이어지게 되고, 이것은 결국 공공요금의 인상 또는 국민의 세금 부담으로 떠넘겨지는 것이다.

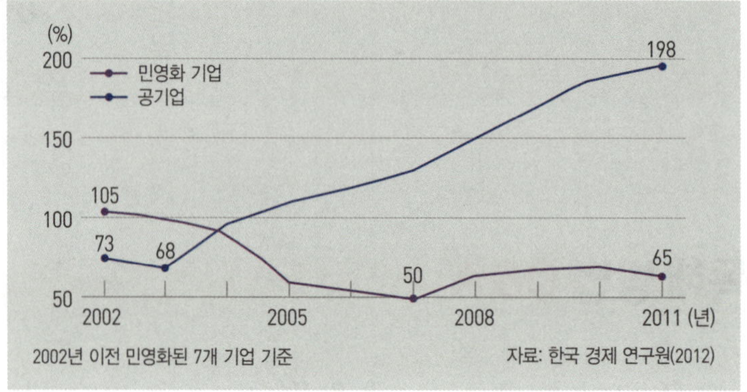

▲ 민영화 기업과 공기업의 부채 비율 추이

　공기업은 주로 국민 생활에 필수적인 부분을 관리한다. 그런 이유로 저렴한 가격에 공급하기 위해 공급 가격이 생산 원가*보다 낮은 경우가 발생하는 것이다. 적자를 감수하며 공급하는 저렴한 가격은 자원의 낭비를 가져오게 되고, 결국 비효율적인 자원 배분을 발생시킨다.

　그리고 대부분의 공기업들은 특정 분야에서 독점적*인 지위를 누리고 있다. 전기·수도·가스 등 초기 비용이 막대하게 들어가는 사회 간접 자본에 기업과 같은 민간 자본이 쉽게 진입하기 힘들고, 정부 자금으로 해당 분야의 시장을 먼저 점유할 수 있기 때문이다. 이런 이유로 공기업은 독점적인 지위를 누릴 수 있으며 다른 경쟁자가 존재하기 어렵다. 경쟁이 존재하지 않기 때문에 도덕적 해이*, 효율성 저하 등과 같은 문제가 발생하게 되는 것이다.

　해당 영역에서 공기업의 경쟁력을 키우기 위해서는 경쟁 구도를 만들어 주고 공기업을 견제할 수 있는 장치를 마련하여 저렴한 가격과 양질의 서비스를 제공하게 해야 한다. 그 해법으로 제기되고 있는 것이 바로 공기업의 민영화*이다. 민영화가 이루어지게 되면 시장 경쟁과 이윤 추구에 의해 제품이나 서비스의 질이 향상되어 국민들에게 혜택을 줄 수 있게 된다는 것이 ㉠민영화 찬성 측의 주장이다.

1 윗글을 통해 해결할 수 있는 질문이 <u>아닌</u> 것은?

① 공기업의 부채는 증가 추세에 있는가?
② 공기업의 민영화가 필요한 이유는 무엇인가?
③ 공기업의 부채로 인한 세금 부담에 대한 국민들의 의견은 어떠한가?
④ 공기업이 특정 분야에서 독점적인 지위를 누리게 되는 이유는 무엇인가?
⑤ 공기업이 생산 원가보다 저렴한 가격에 공급 가격을 책정하는 이유는 무엇인가?

2 공기업 민영화 반대 측에서 〈보기〉를 활용하여 ㉠에 대해 반박한다고 할 때, 가장 적절한 것은?

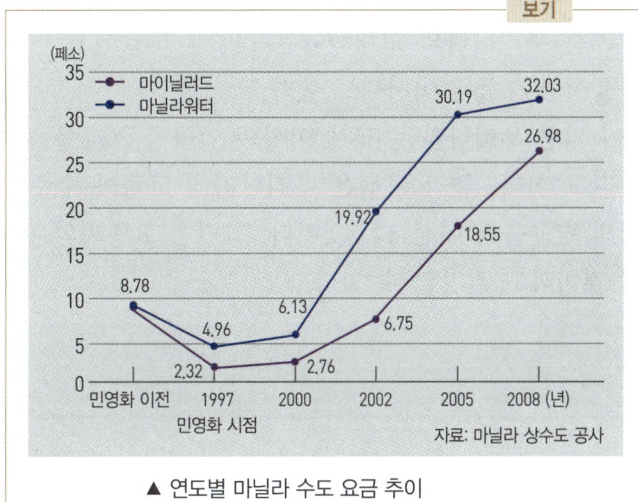

1997년 마닐라 상하수도 공사를 공개 입찰한 결과, 마이닐러드와 마닐라워터라는 민간 기업이 마닐라 시의 수도 공급을 양분하여 맡게 되었다.

▲ 연도별 마닐라 수도 요금 추이

① 〈보기〉를 통해 두 개의 민간 기업이 수도 공급을 맡아 수도 요금이 완만하게 상승했다는 것을 알 수 있습니다. 우리나라도 공기업을 민영화한다면 두 개 이상의 기업에 맡겨야 할 것입니다.

② 〈보기〉를 통해 마닐라의 수도 요금이 민영화를 기점으로 급격하게 상승한 것을 알 수 있습니다. 우리나라도 공기업을 민영화한다면 공기업의 부채가 늘어나 결국 국민이 그 부담을 떠안게 될 것입니다.

③ 〈보기〉를 통해 마닐라의 수도 요금이 민영화와 직접적인 연관이 없다는 것을 알 수 있습니다. 우리나라도 공기업을 민영화한다면 결국 공기업의 독점적인 지위가 없어지므로 효율성이 저하될 것입니다.

④ 〈보기〉를 통해 마닐라의 수도 요금이 민영화를 기점으로 급격하게 상승한 것을 알 수 있습니다. 우리나라도 공기업을 민영화한다면 결국 국민들이 비싼 요금을 지불해야 하는 결과를 가져올 것입니다.

⑤ 〈보기〉를 통해 마닐라의 수도 요금이 해마다 하락하고 있다는 것을 알 수 있습니다. 우리나라도 공기업을 민영화한다면 공급 가격이 생산 원가보다 낮아져 결국 비효율적인 자원의 배분을 발생시킬 것입니다.

우리나라의 고령화 속도

지문 구조&정답 및 해설 070쪽

출생률: 아기를 낳는 비율. 일정 기간에 태어난 아이가 전체 인구에 차지하는 비율을 이름.

소득: 일정 기간 동안의 근로 사업이나 자산의 운영 따위에서 얻는 수입.

보건: 건강을 온전하게 잘 지킴.

초고령: 늙은이로서 매우 많은 나이.

빈곤율: 가난하여 살기가 어려운 가구나 사람의 비율.

비중: 다른 것과 비교할 때 차지하는 중요도.

우리나라의 출생률*은 낮아졌지만, 소득*이 증가하면서 생활 수준이 향상되고 보건* 의료 기술이 발전함에 따라 평균 수명은 크게 늘어났다. 특히 1988년부터 전 국민 의료 보험 제도가 실시되면서 국민들의 건강 수준이 크게 향상되었다. 1960년대 우리나라의 평균 수명은 약 50세에 지나지 않았지만, 2010년에는 약 80세로 길어졌다.

전체 인구 가운데 65세 이상의 노인이 차지하는 비율을 고령화율이라고 한다. 우리나라의 고령화율은 꾸준히 높아지고 있다. 2000년에는 노인 인구가 전체 인구의 7.2%를 차지하면서 고령화 사회에 들어섰고, 특히 농촌 지역은 65세 이상의 노인이 100명 중 15명일 정도로 고령화가 빠르게 진행되었다. 2017년 기준 우리나라의 고령화율은 14%에 도달했고, 일부 농촌 지역의 경우 고령화율이 30%를 넘어서기도 했다.

2026년이 되면 우리나라는 65세 이상의 인구가 20%를 넘어서 초고령* 사회로 접어든다고 한다. 놀라운 점은 우리나라의 고령화 수준이 2030년 즈음에는 선진국의 평균을 넘어선다는 것이다. 그만큼 고령화와 관련된 다양한 문제가 나타날 것이라고 짐작할 수 있다.

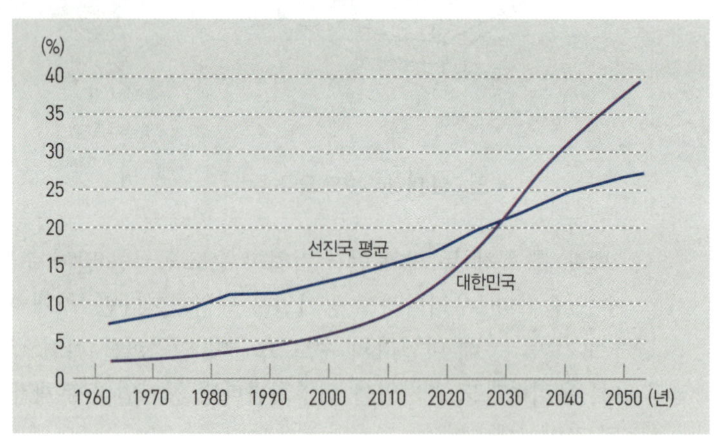

㉠ 대한민국과 선진국 평균 고령화율 비교

고령화가 진행되면서 일정한 소득이 없는 노인들은 빈곤과 질병, 외로움에 시달리고 있다. 우리나라의 노인 빈곤율*은 약 45% 정도인데, 이는 선진국에 비해 높은 수치이다. 노인들의 자살률이 빠르게 높아지는 이유도 이와 관련이 있다.

노인 인구가 급속히 증가하는 과정에서 생산 가능 인구의 비중*은 낮아지고 있다. 이렇게 노년 인구가 증가하고 청장년 인구가 감소하면 청장년층이 부담해야 할 개인적·사회적 비용이 증가한다. 정부는 고령화 사회에 대처하기 위해 노인 노동력을 활용할 만한 일자리를 늘리고, 노인들에게 취업 훈련을 받을 기회를 제공하기 위해 노력하고 있으며, 정년을 늦추는 기업도 많아지고 있다.

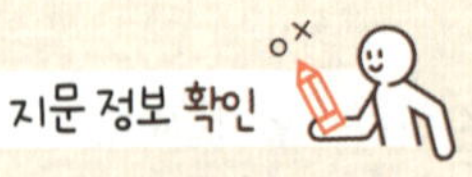

지문 정보 확인

1. 우리나라는 출생률과 평균 수명이 모두 높아지고 있다. ( )

2. 농촌 지역의 경우 고령화가 더 빠르게 진행되고 있다. ( )

3. 우리나라 노인 자살률이 빠르게 높아지는 이유는 노인 빈곤율과 연관이 있다. ( )

1 윗글의 내용과 일치하지 <u>않는</u> 것은?

① 1960년대에 비해 2010년 우리나라의 평균 수명은 약 30년 정도 길어졌다.
② 2017년을 기준으로 우리나라의 고령화 수준은 선진국의 평균을 넘어섰다.
③ 고령화율이란 전체 인구 가운데 65세 이상의 노인이 차지하는 비율을 말한다.
④ 우리나라의 노인들은 빈곤 등의 이유로 자살을 선택하는 비율이 높아지고 있다.
⑤ 고령화 사회에 대처하기 위한 정부의 대책은 노인 노동력의 활용과 연관이 있다.

2 ㉠과 〈보기〉를 참고하여 고령화율에 대해 설명한 것으로 가장 적절한 것은?

보기

	미국	영국	프랑스	독일	대한민국	이탈리아	일본
2050년 전체 인구 중 65세 이상 노인 인구 비율	20%	24%	27%	31%	38%	39%	39%

자료: 국제전략문제연구소(CSIS)

　우리나라는 고령화율이 빠르게 증가하여 2030년 즈음에 선진국의 평균을 넘어설 전망이고, 2050년에는 일본 및 이탈리아와 함께 세계 최고령 국가가 될 것이다.

① 선진국의 고령화율 평균은 1960년대 이후로 점점 낮아지고 있다.
② 미국의 경우 우리나라보다 고령화율이 가파르게 증가할 것으로 예상된다.
③ 2050년에 우리나라의 노년 인구는 청장년 인구보다 많아질 것으로 예상된다.
④ 2050년에 우리나라는 세계에서 고령화율이 가장 높은 국가가 될 것으로 예상된다.
⑤ 2030년 이후 우리나라의 고령화율은 선진국의 평균을 넘어서고 그 격차가 점점 벌어질 것으로 예상된다.

[1~10] 〈보기〉에서 어휘의 뜻풀이 또는 예문의 (　) 안에 들어갈 어휘 ㉠~㉤을 찾아 쓰시오.

보기

| ㉠ 공기업 | ㉡ 초고령 | ㉢ 민영화 | ㉣ 독점적 | ㉤ 원가 |

뜻풀이

1 관에서 운영하던 기업 따위를 민간인이 경영하게 함. [　　]

2 물건이나 자리 따위를 독차지하는 것. [　　]

3 국가나 지방 자치 단체가 사회 공공의 복리를 증진하기 위하여 경영하는 기업. [　　]

4 상품의 제조, 판매, 배급 따위에 든 돈과 노동력을 단위에 따라 계산한 가격. [　　]

5 늙은이로서 매우 많은 나이. [　　]

예문

6 할머니는 (　　　)으로 몸이 쇠약한 상태이다. [　　]

7 (　　　) 지위를 이용해 폭리를 취하다. [　　]

8 대량 생산을 하면 (　　　)이/가 절감된다. [　　]

9 (　　　)은/는 공익성을 목적으로 해야 한다. [　　]

10 국영 기업의 (　　　). [　　]

[11~15] 다음에서 설명하는 어휘가 무엇일지 사다리를 연결하고 주어진 낱자를 활용하여 쓰시오.

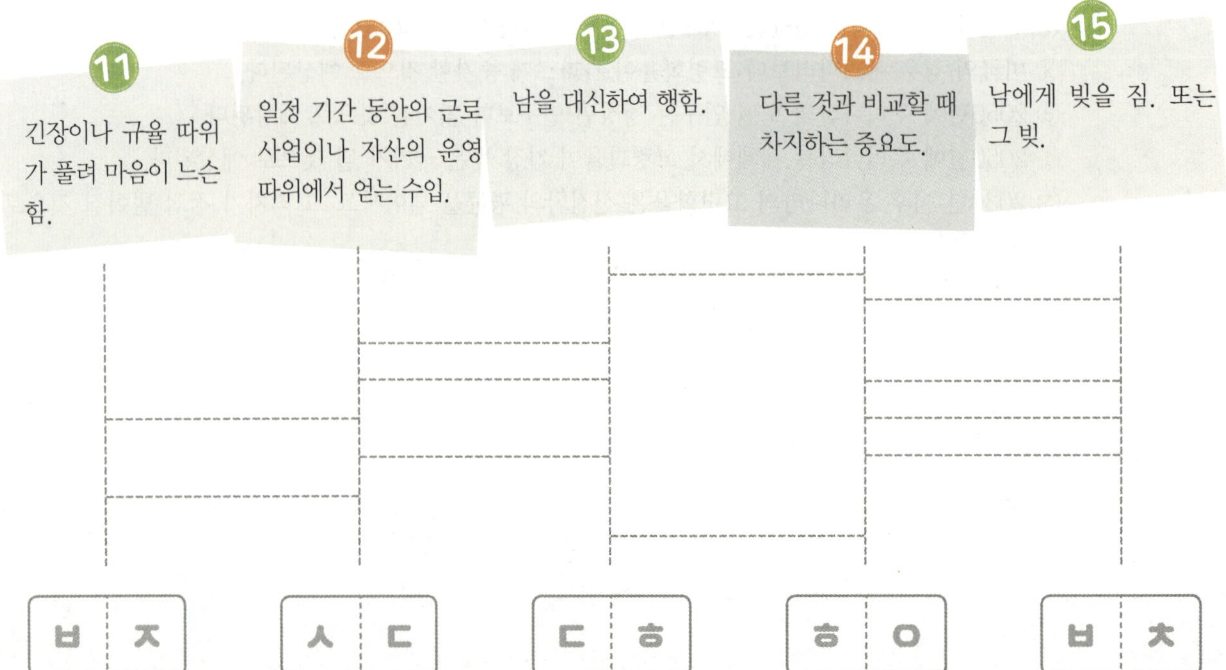

어휘 특강

매체 읽기
방법 적용하기
– 표, 그래프

독해 방법 Q&A

> " 선생님, 글에 사용되는 시각 자료에는 어떤 것이 있나요? "

글에 사용되는 시각 자료에는 표나 그래프, 도식화된 그림, 사진이나 그림 등이 있어. 표나 그래프는 수치 변화나 비교 등과 관련된 내용을 제시할 때 주로 등장해. 도식화된 그림은 주로 과학적 원리나 작동 과정, 구성 요소를 도식화해서 나타내지. 마지막으로 사진이나 그림은 예술 제재와 같이 특정한 대상을 설명할 때 제시되는 경우가 많기 때문에 특정 대상에 대한 세부 내용과 연결 지으며 의미를 파악하는 것이 좋단다.

| 표, 그래프: 수치 변화, 비교 |
| 도식화된 그림: 과학적 원리, 작동 과정, 구성 요소 |
| 사진, 그림: 예술 제재 |

학습 점검표

STUDY 17 의 지문과 문제를 잘 학습했는지 체크한 후, 부족한 부분이 있다면 앞으로 돌아가서 다시 살펴보자~!

지문/문제		나의 체크			보완할 부분
공기업 민영화, 공익을 위한 선택인가?	○ 1회독 ○ 2회독 이상	○ 내용 ○ 지문 구조 ○ 어휘			
	1 ○ 맞힘 ○ 틀림	○ 내용 ○ 개념&유형 ○ 어휘			
	2 ○ 맞힘 ○ 틀림	○ 내용 ○ 개념&유형 ○ 어휘			
우리나라의 고령화 속도	○ 1회독 ○ 2회독 이상	○ 내용 ○ 지문 구조 ○ 어휘			
	1 ○ 맞힘 ○ 틀림	○ 내용 ○ 개념&유형 ○ 어휘			
	2 ○ 맞힘 ○ 틀림	○ 내용 ○ 개념&유형 ○ 어휘			

매체의 표현 방법과 의도 평가하기

> *경과: 일이 되어 가는 과정.
> *수완: 일을 꾸미거나 치러 나가는 재간.
> *추출: 전체 속에서 어떤 물건, 생각, 요소 따위를 뽑아냄.
> *혈청: 피가 엉기어 굳을 때에, 혈병(血餠)에서 분리되는 황색의 투명한 액체. 면역 항체나 각종 영양소, 노폐물을 함유함.
> *종결: 일을 끝냄.
> *세간: 세상 일반.
> *노심초사: 몹시 마음을 쓰며 애를 태움.
> *임명: 일정한 지위나 임무를 남에게 맡김.
> *옹호: 두둔하고 편들어 지킴.

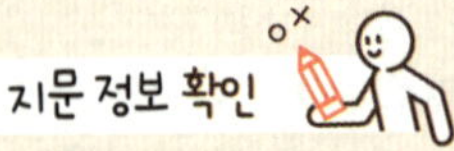

1. 결핵은 오랜 기간 치료법이 발견되지 않았다. (　　)

2. 프리드만은 결핵이 완치된 거북에게서 치료 혈청을 추출했다. (　　)

3. 당시 모든 의학자가 프리드만의 치료법을 비판했다. (　　)

거북으로 결핵을 고친다?
의사 프리드만의 거짓 결핵 치료법

　　결핵은 결핵균이 몸속에 들어온 뒤 인체의 저항력이 약해져 발생하는 질병으로, 결핵에 걸리면 기운이 없고 쉽게 피로를 느끼며, 체중이 감소하는 등의 증상이 나타나게 된다. 결핵은 오랫동안 의학적으로 손을 쓸 수 없는 질병이었다. 그러나 신체 저항력이 결핵균을 차단하고 질병의 경과*를 자발적으로 정지시키는 경우가 적지 않게 발생했다. 그렇기 때문에 수많은 돌팔이 의사나 의학 사기꾼들이 결핵 치료약을 발견했다고 주장한 것은 그리 놀랄 일이 아니었다.

　　수완*이 뛰어난 의사 프리드리히 프리드만이 바로 그들 중 한 명이었다. 1902년 베를린 동물원의 한 경비가 결핵으로 죽은 거북을 건넨 일은 프리드만에게 최고의 기회를 마련해 주었다. 그는 결핵에 걸린 거북에서 박테리아를 추출*하여 그것으로 결핵 치료 혈청*을 만들 수 있을 것이라고 생각했다. 그가 기니피그에게 결핵 면역성을 부여했다고 주장하자 제약 회사 횤스트에서 그의 혈청에 관심을 보였다. 그러나 횤스트는 얼마 지나지 않아 프리드만과의 합동 연구를 종결*시켰다.

　　하지만 프리드만은 거북에서 추출한 백신의 효과를 계속해서 세간*에 퍼뜨렸다. 당시 독일 정부는 프랑스의 루이 파스퇴르가 결핵 백신을 먼저 발견하여 독일의 국가적 자존심에 심한 타격을 입힐까 봐 노심초사*한 나머지 프리드만의 거북 백신에 대한 정통 의학계의 의혹을 모두 무시한 채 프리드만을 베를린 대학의 결핵 연구 및 퇴치 교수로 임명*하였다.

　　여전히 프리드만의 치료법이 지닌 효과가 논란의 여지가 많았음에도 불구하고 그의 치료법을 옹호*하는 의사들이 속속 출현했다. 특히 의학 교수 프리드리히 크라우스는 프리드만의 백신 연구를 열린 마음으로 대했고, 여러 차례에 걸쳐 자신의 환자들에게 나타난 사례들을 그에게 제공하기도 했다. 프리드만은 이러한 지지를 바탕으로 정통 의학계의 수많은 비판에 맞서 자신의 주장을 펼쳐 나갔다.

　　시간이 흐르면서 프리드만이 거북에서 추출한 균은 결핵균이 아닌 다른 균이었음이 밝혀졌다. 당연히 그의 백신은 효력이 전혀 없었을 것이며, 가끔씩 실제로 치료 효과가 나타난 것은 아마도 자연적 치유에 기인했을 것이다. 이처럼 우리가 흔히 '과학적'라고 생각하는 많은 일들이 지극히 '비과학적'일 수 있다는 생각을 바탕으로 의문을 제기하고 비판적으로 현상을 바라보려는 노력이 필요하다.

1 〈보기〉에서 윗글을 읽은 학생들의 반응으로 적절하지 <u>않은</u> 것을 모두 고르면?

㉠ 20세기 초반까지 왜 결핵을 치료하지 못했는지 조사해 봐야겠어.
㉡ 룁스트가 프리드만과의 합동 연구를 그만둔 이유가 무엇인지 찾아봐야겠어.
㉢ 결핵이 어떤 병인지 몰랐는데, 그 개념과 증상을 먼저 설명해 주어 도움이 되었어.
㉣ 독일 정부가 왜 프리드만을 지원했는지에 대한 설명이 있었으면 더 좋았겠다는 생각이 들었어.
㉤ 프리드만이 정통 의학계의 비판에도 자신의 주장을 펼쳐 나갈 수 있었던 이유를 검색해 봐야겠어.

① ㉠, ㉡　　　　② ㉠, ㉤　　　　③ ㉡, ㉢　　　　④ ㉢, ㉣　　　　⑤ ㉣, ㉤

매체의 표현 방법과 의도평가하기

2 〈보기〉를 바탕으로 윗글을 분석한 내용으로 적절하지 <u>않은</u> 것은?

　기사문은 보고 들은 사실을 전달하는 글로서 '표제, 부제, 전문, 본문'으로 구성된다. 표제는 기사 내용 전체를 간결하게 나타내는 제목이고, 부제는 기사 내용을 구체적으로 알리는 작은 제목이며, 전문은 기사 내용을 요약적으로 제시한 부분이고, 본문은 기사의 구체적인 내용을 서술한 부분이다. 기사문은 취재 대상을 결정하고 거기에 맞는 자료를 수집하고 취재한 후, 이를 토대로 작성된다. 기사문을 작성할 때는 육하원칙(누가, 언제, 어디서, 무엇을, 어떻게, 왜)에 의거해야 한다.

① 이 글의 '표제'는 의문문의 형식을 활용하여 이 기사의 취지와 의도를 드러내고 있다.
② 이 글의 '부제'는 표제의 내용을 보완하여 이 기사가 프리드만의 결핵 치료법에 대해 다루고 있음을 알려 주고 있다.
③ 이 글의 '전문'은 글의 첫머리에서 이 기사의 내용을 요약적으로 제시하고 있다.
④ 이 글의 '본문'은 프리드만이 처음에 결핵 치료 혈청을 만들게 된 계기를 제시하고 있다.
⑤ 이 글의 '본문'은 프리드만의 백신이 왜 효력이 있는 것처럼 보였는지에 대한 내용을 담고 있다.

📖 지문 구조&정답 및 해설 074쪽

ㄱ스마트 그리드(Smart Grid)는 기존 전력망에 ICT(Information and Communications Technologies) 기술을 접목하여 전력 공급자와 소비자가 양방향으로 실시간 정보를 교환함으로써 에너지 효율을 극대화하는 차세대 지능형 전력망이다.

과학 기술의 발달과 정보화 사회의 도래는 에너지 소비가 급증하는 결과를 낳았다. 세계 각국은 화석 연료 고갈에 따른 에너지 부족을 해결하기 위해 대체 에너지원을 개발하는 한편, 전자 기기들을 전력 소모가 적도록 설계해서 에너지 사용량을 낮추려는 노력을 해 왔다. 그리고 기존 에너지 사용망에 신기술을 융합하여 에너지 효율을 높이는 방법을 연구하기 시작했다. 특히, 최근 몇 년간 대규모 정전 사태인 블랙아웃이 세계 각국에서 발생해 피해 사례가 속출하자, 기존 에너지 자원을 보다 효율적으로 활용하여 전력난을 극복하려는 연구가 진행되면서 스마트 그리드가 등장하게 되었다.

'발전 – 송전 – 배전 – 판매'의 단계로 이루어진 ㄴ기존 전력망은 양방향이 아닌 일방향적인 방식으로 소비자에게 제공되었다. 이에 반해 스마트 그리드는 ICT 기술을 적용하여 전력 공급자와 소비자를 네트워크로 연결함으로써 서로에게 필요한 정보를 실시간으로 주고받을 수 있게 했다.

전력 공급자는 스마트 그리드를 통해 전력 사용 현황을 실시간으로 파악하여 공급량을 탄력적으로 조절할 수 있다. 전력 공급이 자동 조정 시스템으로 움직이기 때문에 고장이 날 요인들을 미리 감지해서 정전을 최소화하는 것도 가능하다. 기존 전력 시스템과 달리 스마트 그리드는 전력 공급자와 소비자가 직접 연결되는 분산형 전원 체제이기 때문에 풍량과 일조량에 따라 전력 생산이 불규칙한 신재생 에너지를 보다 효율적으로 사용할 수 있도록 한다.

전력 소비자 역시 스마트 그리드를 통해 전력 사용 현황을 실시간으로 체크하여 요금이 비싼 시간대에는 전기 사용을 자제하고, 요금이 싼 시간대에 효율적으로 이용함으로써 스스로 전기 사용 시간과 그에 따른 전기 요금을 조절할 수 있다. 뿐만 아니라 태양광을 이용해 가정에서 전기를 생산한다면, 생산한 전기를 판매할 수도 있다.

우리나라의 에너지 수입 의존도는 97%로 매우 높은 수준이다. 그러나 에너지 비용, 그중에서도 특히 전기 요금은 일본의 1/3, 독일의 1/2 수준에 불과하다. 전기 사용료는 낮은데 편의성은 높다 보니 전력 소비가 매년 10% 이상 증가 추세를 보이고 있고, 이에 따라 에너지 효율을 높일 수 있는 스마트 그리드 기술이 더욱 주목받고 있다.

---

*접목: 둘 이상의 다른 현상 따위를 알맞게 조화하게 함을 비유적으로 이르는 말.

*실시간: 실제 흐르는 시간과 같은 시간.

*고갈: 어떤 일의 바탕이 되는 돈이나 물자, 소재, 인력 따위가 다하여 없어짐.

*융합: 다른 종류의 것이 녹아서 서로 구별이 없게 하나로 합하여지거나 그렇게 만듦.

*탄력적: 상황에 따라 알맞게 대처하는 것.

*자제: 자기의 감정이나 욕망을 스스로 억제함.

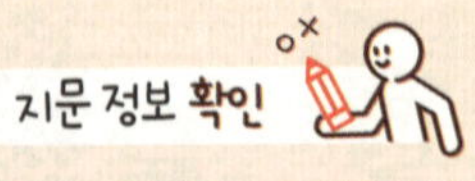

지문 정보 확인

1. 스마트 그리드는 ICT 기술을 적용하여 에너지 효율을 극대화하는 방식이다. ( )

2. 스마트 그리드는 '발전 – 송전 – 배전 – 판매'의 과정으로 전력 공급이 이루어진다. ( )

3. 일본의 전기 요금은 우리나라보다 2배 이상 비싸다. ( )

1 ㉠과 ㉡에 대한 설명으로 적절한 것은?

① ㉠은 전력을 생산하는 주체가 고정되어 있다.
② ㉡은 상황에 따라 전력 공급량을 탄력적으로 조절할 수 있다.
③ ㉠과 ㉡은 모두 신재생 에너지를 보다 효율적으로 사용할 수 있게 한다.
④ ㉠은 ㉡과 달리 전력 공급자와 소비자 간의 양방향 정보 교환이 가능하다.
⑤ ㉡은 ㉠과 달리 전력 공급이 자동으로 조정되어 블랙아웃을 예방할 수 있다.

2 〈보기〉는 윗글을 활용하여 '스마트 그리드'에 대한 발표를 하려는 학생들이 추가로 조사한 자료이다. 〈보기〉를 활용하는 방안으로 적절하지 <u>않은</u> 것은?

보기

ⓐ 스마트미터 등 관련 인프라를 구축하는 데 높은 기술 수준과 많은 비용이 요구된다.
ⓑ 전력 공급자와 소비자가 네트워크로 연결되기 때문에 외부 해킹 등 보안 문제가 발생할 수 있다.
ⓒ 전기 요금이 비싼 낮 시간보다는 상대적으로 저렴한 밤 시간에 세탁기를 돌려 전기 요금을 스스로 조절할 수 있다.
ⓓ 플라이휠은 마찰이 최소화된 거대한 금속 바퀴로서 바람이나 햇볕이 풍부할 때 생산한 전기로 회전하고, 바람이나 햇볕이 없더라도 관성 때문에 돌던 힘을 유지해 지속적으로 전기를 만들게 된다.
ⓔ 여름철 한낮에 전기 요금을 비싸게 올려도 전기 사용량이 떨어지지 않는다면, 전력 공급자가 가정의 에어컨 조작 버튼을 통제하여 강제로 에어컨 온도를 높이는 등의 비상 조치를 취할 수 있다.

---

① 스마트 그리드를 구축하기 위해서는 기술적 보완과 재정적 지원이 필요하다는 근거로 ⓐ를 활용할 수 있겠군.
② 분산형 전원 체제인 스마트 그리드를 통해 보안을 강화할 수 있다는 근거로 ⓑ를 활용할 수 있겠군.
③ 전력 소비자가 스마트 그리드를 통해 전기 요금을 효율적으로 관리할 수 있다는 근거로 ⓒ를 활용할 수 있겠군.
④ 플라이휠을 시각 자료로 제시하여 신재생 에너지를 이용한 전력 생산을 안정화하여 스마트 그리드의 효용을 극대화할 수 있다는 근거로 ⓓ를 활용할 수 있겠군.
⑤ 기존 에너지 자원을 보다 효율적으로 활용하여 대규모 정전 사태를 예방할 수 있다는 근거로 ⓔ를 활용할 수 있겠군.

[1~10] 보기 에서 어휘의 뜻풀이 또는 예문의 (   ) 안에 들어갈 어휘 ㉠~㉤을 찾아 쓰시오.

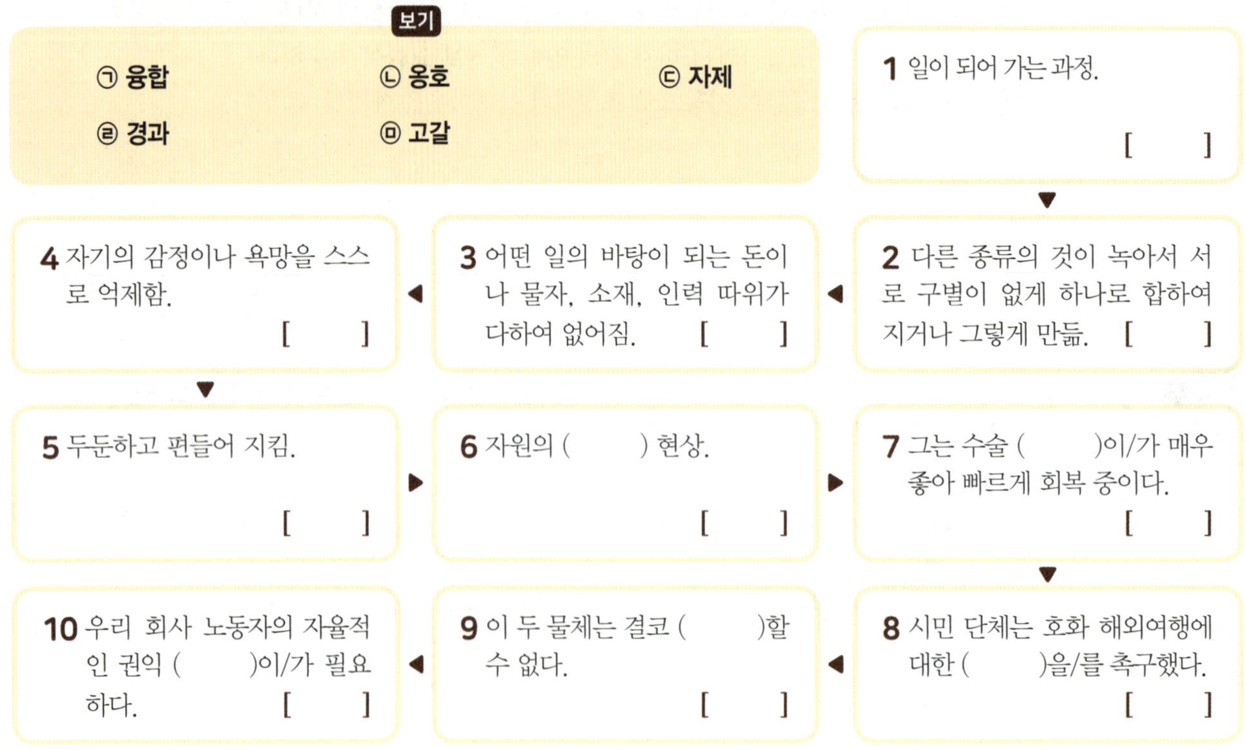

보기

㉠ 융합 ㉡ 옹호 ㉢ 자제
㉣ 경과 ㉤ 고갈

1 일이 되어 가는 과정.

[   ]

4 자기의 감정이나 욕망을 스스로 억제함.

[   ]

3 어떤 일의 바탕이 되는 돈이나 물자, 소재, 인력 따위가 다하여 없어짐.

[   ]

2 다른 종류의 것이 녹아서 서로 구별이 없게 하나로 합하여 지거나 그렇게 만듦.

[   ]

5 두둔하고 편들어 지킴.

[   ]

6 자원의 (   ) 현상.

[   ]

7 그는 수술 (   )이/가 매우 좋아 빠르게 회복 중이다.

[   ]

10 우리 회사 노동자의 자율적인 권익 (   )이/가 필요하다.

[   ]

9 이 두 물체는 결코 (   )할 수 없다.

[   ]

8 시민 단체는 호화 해외여행에 대한 (   )을/를 촉구했다.

[   ]

[11~15] 다음에서 설명하는 어휘가 무엇일지 주어진 낱자를 활용하여 쓰시오.

11 일정한 지위나 임무를 남에게 맡김.

12 일을 꾸미거나 치러나가는 재간.

13 실제 흐르는 시간과 같은 시간.

14 상황에 따라 알맞게 대처하는 것.

15 둘 이상의 다른 현상 따위를 알맞게 조화하게 함을 비유적으로 이르는 말.

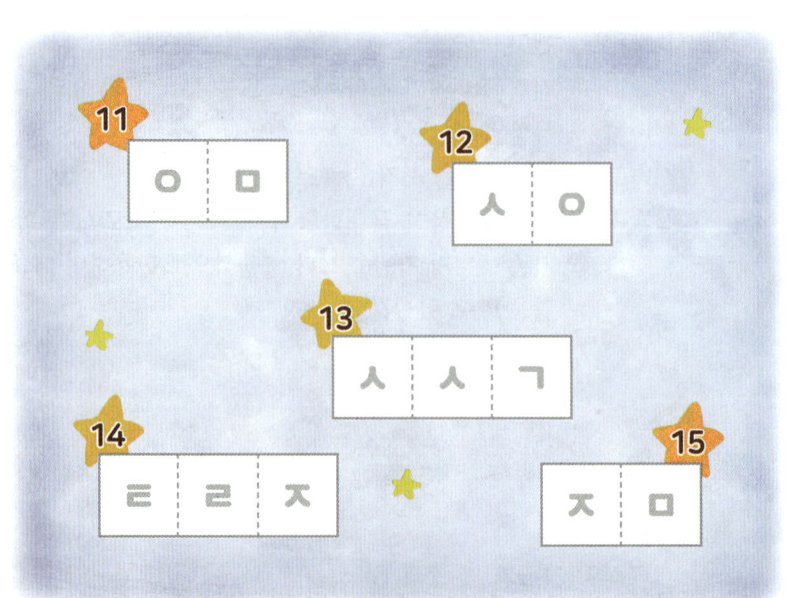

어휘특강

● '(으)로서'과 '(으)로써'의 구별 ●

(으)로서 조사	VS	(으)로써 조사

'어떤 지위나 신분 또는 자격'을 나타낼 때는 '(으)로서'로 쓴다.

예
- 그것은 교사로서 할 일이 아니다.
- 그는 친구로서는 좋으나, 남편감으로서는 부족한 점이 많다.
- 언니는 아버지의 딸로서 부족함이 없다고 생각했었다.

어떤 물건의 재료나 원료, 어떤 일의 수단이나 도구를 나타낼 때는 '(으)로써'로 쓴다. 또한 시간을 셈할 때 셈에 넣는 한계를 나타내거나 어떤 일의 기준이 되는 시간임을 나타낼 때도 '(으)로써'로 쓴다.

예
- 쌀로써 떡을 만든다.
- 꿀로써 단맛을 낸다.
- 고향을 떠난 지 올해로써 20년이 된다.

독해 방법 Q&A

" 선생님, 관점과 형식을 비교하는 문항은 어떻게 풀어야 하나요? "

보통 관점과 형식을 비교할 수 있는가를 평가하는 문항에는 〈보기〉가 제시되는 경우가 많단다. 이때 핵심은 〈보기〉의 내용이 지문의 내용과 대응되는가 그렇지 않은가를 먼저 파악해야 한다는 거지. 다음은 그렇게 판단한 근거를 찾아야 해. 물론 이때 근거는 지문과 〈보기〉 속에 반드시 숨어 있단다. 자신만의 생각 혹은 논리적 비약으로 판단해서는 안 된다는 점을 꼭 기억해야 해.

> 1단계: 지문과 〈보기〉 대응하기
>
> ↓
>
> 2단계: 1단계 판단의 근거 찾기
>
> ↓
>
> 3단계: 이를 구조화하기

학습 점검표

STUDY 18 의 지문과 문제를 잘 학습했는지 체크한 후, 부족한 부분이 있다면 앞으로 돌아가서 다시 살펴보자~!

지문/문제		나의 체크				보완할 부분
거짓 결핵 백신 연구		○ 1회독 ○ 2회독 이상	○ 내용 ○ 지문 구조	○ 어휘		
	1	○ 맞힘 ○ 틀림	○ 내용 ○ 개념&유형	○ 어휘		
	2	○ 맞힘 ○ 틀림	○ 내용 ○ 개념&유형	○ 어휘		
스마트 그리드의 특징		○ 1회독 ○ 2회독 이상	○ 내용 ○ 지문 구조	○ 어휘		
	1	○ 맞힘 ○ 틀림	○ 내용 ○ 개념&유형	○ 어휘		
	2	○ 맞힘 ○ 틀림	○ 내용 ○ 개념&유형	○ 어휘		

개념 디렉토리

매체

똑같은 내용 같지만 달라

글을 쓸 때에는 글을 쓰려는 목적, 글을 읽는 독자 등을 정하는 것 외에, 어떤 매체를 활용하여 글을 쓸 것인가를 고려해야 한다. 매체 역시 글의 내용에 영향을 미치는 중요한 요소 중 하나이기 때문이다. 매체에 따라 글쓴이의 표현 방법이 달라지고 자료를 활용하는 방법도 달라지므로, 글을 읽을 때에는 매체에 따른 표현 방법과 글쓴이의 의도를 평가하는 것이 중요하다.

글을 쓸 때 활용하는 매체들

• 인쇄 매체: 책, 신문 등

인쇄 매체는 주로 문자와 사진과 같은 시각 자료를 활용하여 정보를 전달한다. 신문은 특정한 시기에 일어난 일에 관한 기사를 다루는 것이 일반적이며 문자와 사진을 활용한다. 책은 다른 매체에 비해 상세한 정보 전달이 가능한데, 목차를 보면 책의 내용을 예측하는 데에 도움이 된다.

• 영상 매체: 텔레비전, 영화 등

이미지를 바탕으로 시청각적 요소를 활용하여 정보를 전달하는 매체를 뜻한다. 이미지를 생생하게 전달할 수 있으므로 문자만으로 전달하는 매체에 비하여 생동감 있는 표현이 가능하다. 문자와 다양한 시청각 자료를 결합하여 구성할 수 있다.

• 인터넷 매체: 인터넷 신문, 블로그 등

컴퓨터 통신망을 기반으로 하는 매체로, 정보들이 서로 연결되어 있어서 양이 많고 다양하다. 문자, 영상, 소리 등을 복합적으로 전달하기 쉽고, 누구나 다양한 자료를 활용하여 글을 쓸 수 있고, 또 독자와 상호 작용하며 글이 구성될 수 있다는 점도 인터넷 매체의 특징이라고 할 수 있다.

- 글쓴이의 의도, 글의 내용, 맥락 등을 고려하여 매체의 표현 방법의 적절성, 효과를 판단한다.
- 글에 사용된 다양한 자료들이 왜곡되지 않았는지, 공정한 것인지 판단한다.
- 글에 사용된 표현 방법이 설명하려는 대상에 적절하지 판단한다.
- 글에 사용된 그림, 도표 등이 믿을 수 있는 것인지 판단한다.

매체에 따른 표현 방법 및 의도 평가

- **인쇄 매체 읽기**

> – 글쓴이의 의도 등을 추론해 가며 내용을 정확히 이해하도록 노력해야 한다.
> – 글쓴이의 생각에 동의하는지, 동의하지 않는지 자신의 견해와 비교해 가며 글을 읽는다.
> – 글 속에 사용된 도표, 사진 등의 의미를 파악하고, 글쓴이가 그러한 자료를 활용한 이유가 무엇인지, 어느 한쪽의 입장에 치우치지 않은 자료인지 고민해 본다.

- **영상 매체 읽기**

> – 영상의 주요 내용이 무엇인지, 영상을 제작한 사람의 의도가 무엇인지 파악해 가며 읽는다.
> – 영상을 제작한 사람이 내용을 전달하기 위해 사용한 표현 방법이 무엇인지, 내용을 전달하는 데에 도움이 되는지 판단해 본다.
> – 영상의 내용이 공정한 관점을 전달하는지, 나의 생각과 비교해 가며 읽는다.

- **인터넷 매체 읽기**

> – 글의 주요 내용을 이해하고, 글쓴이의 의도를 추론해 본다.
> – 자신이 글을 읽는 목적이 무엇인지, 글이 자신의 독해 목적에 도움이 되는지 판단해 가며 읽는다.
> – 글에 사용된 영상, 도표, 사진 등의 자료가 글을 이해하는 데에 도움이 되는지, 믿을 수 있는 자료인지를 판단해 가며 읽는다.
> – 비순차적인 인터넷 글의 특성을 고려해 가며 연결되는 다른 글을 능동적으로 읽는 태도를 가진다.

- **인터넷 매체의 종류와 특징**

> – 블로그: 개인 취향에 맞는 영상이나 음악 등 다양한 자료를 올릴 수 있다.
> – 인터넷 게시판: 여러 사람들의 반응을 댓글로 볼 수 있다.
> – 온라인 대화 방: 참여하는 사람들이 모두 글을 쓸 수 있으며 초대받은 사람들만 정보를 공유할 수 있다.
> – 전자 우편: 대상을 지정해서 전달할 수 있을 뿐만 아니라 여러 사람에게 동시에 발송할 수 있다. 또한 용량이 큰 파일을 첨부하는 것도 가능하다.
> – 에스엔에스(SNS): 짧은 시간 안에 많은 사람들이 공유할 수 있다.

맹자의 사상

지문 구조&정답 및 해설 **076**쪽

동일한 화제의 관점 차이 파악하기

* **유가**: 공자의 학설과 학풍 따위를 신봉하고 연구하는 학자나 학파.
* **사상**: 지역, 사회, 인생 따위에 관한 일정한 인식이나 견해.
* **전파**: 전하여 널리 퍼뜨림.
* **정비**: 흐트러진 체계를 정리하여 제대로 갖춤.
* **본성**: 사람이 본디부터 가진 성질
* **측은하다**: 가엾고 불쌍하다.
* **근원**: 사물이 비롯되는 근본이나 원인.
* **사양**: 겸손하여 받지 아니하거나 응하지 아니함. 또는 남에게 양보함.

지문 정보 확인

1. 맹자는 공자의 사상을 이어받은 인물이다. ( )

2. 맹자는 사람의 본성은 선하다고 생각하였다. ( )

3. 맹자가 말한 '예'는 잘못했을 때 부끄러움을 느끼게 되는 마음의 근원이 된다. ( )

맹자는 공자에 이어 유가* 사상*을 완성한 인물이다. 그는 공자가 죽고 나서 약 100년 후에 공자가 태어난 곳과 멀지 않은 곳에서 태어났는데, 당시 그 지역에는 공자의 사상을 전파*하려는 사람들이 많았다. 맹자 역시 공자의 제자인 자사를 스승으로 만나 자연스럽게 공자의 사상을 접하게 되었다. 맹자는 기본적으로 공자의 '인'과 '의' 사상을 이어받았으나, 그 내용을 들여다보면 공자의 주장과는 강조하는 바가 다르기도 하였다.

먼저 맹자는 '의'를 강조하였다. 그는 공자와 달리 어진 마음만으로는 사회가 평화로워지기 힘들다고 생각하였다. 사람들 모두가 옳다고 생각하는 가치인 '의', 즉 상식이 통해야 사회가 평화로워진다고 보았다. 그리고 상식에 기초한 법률과 제도들이 잘 정비*되어야 모두가 평화로워질 수 있다고 생각하였다.

또한 맹자는 사람은 본래 선하게 태어난다고 주장하였는데, 이러한 주장을 성선설이라고 한다. 이 주장 때문에 사람들은 인간의 본성*이 선한지 악한지에 대한 토론을 벌이게 된다. '성'은 사람의 마음과 성품을 뜻한다. '성'이라는 글자는 '마음 심' 자와 '날 생' 자로 구성되어 있다. 따라서 사람이 태어나면서부터 지니게 된 마음이라는 뜻이 자연스럽게 형성된다. 그러므로 성선설은 '인간이 태어나면서부터 지니게 된 성품은 선하다'는 것을 설명하는 단어인 것이다. 맹자는 우물에 빠지는 아이의 비유를 통해 성선설을 주장한다. 어린아이가 우물에 막 빠지려는 것을 본다면 모두 깜짝 놀라고 걱정하는 마음이 생긴다는 것이다. 그러한 마음이 없다면 사람이 아니라고 본다.

맹자는 사람의 본성은 선하다고 주장하면서, 사람의 마음속에는 '인', '의', '예', '지'의 네 가지 특성이 들어 있다고 하였다. 그리고 이 네 가지 특성을 통해 사람은 본래 선하다는 것을 증명할 수 있다고 주장하였다. 우선 '인'은 공자로부터 이어지는 것으로, 사람과의 원만한 관계를 말하는 '어질 인'을 의미한다. 맹자는 특히 '인'은 다른 사람의 불행을 측은하게* 여기게 되는 마음의 근원*이라고 설명한다. '의'는 '옳을 의'로, 앞서 언급한 것처럼 사회에서 통용되는 상식이다. 또 잘못했을 때 부끄러움을 느끼게 되는 마음의 근원이 된다. '예'는 예의범절을 뜻하는 것으로, 다른 사람에게 사양*하고 양보하고 싶은 마음이 비롯되는 근원이다. '지'는 '지혜 지'로, 옳고 그른 것을 판단하는 마음의 근원이다. 사람의 마음속에 존재한다고 맹자가 생각한 이 네 가지 마음을 '사단'이라고 한다.

윗글의 내용과 일치하지 <u>않는</u> 것은?

① '성'이란 사람이 태어나면서부터 지니게 된 마음과 성품을 가리킨다.
② 맹자는 공자의 유가 사상을 이어받아 이를 더욱 발전시킨 인물이다.
③ 맹자는 사람의 마음속에는 네 가지 선한 특성이 들어 있다고 주장하였다.
④ 맹자가 말하는 '지'는 세상 일의 옳고 그름을 판단할 수 있는 근거가 된다.
⑤ 맹자는 공자와 마찬가지로 어진 마음만으로 세상이 평화로워질 수 있다고 보았다.

동일한
화제의 관점
차이 파악하기

2 〈보기〉와 윗글의 '맹자'의 생각을 비교한 내용으로 가장 적절한 것은?

보기

사람의 본성은 선천적으로 악하다. 예를 들자면 사람들은 이익을 좋아하고, 남을 질투하며, 귀에 아름다운 소리나 눈에 보기 좋은 색채를 좋아한다. 만일 사람들을 이러한 본성에 따라 살아가게 내버려 둔다면 결국에는 서로 다투고 빼앗는 어지러운 사회가 되고 말 것이다. 그러므로 사람은 스승의 가르침에 따라 예의와 도를 배움으로써 비로소 서로 양보하게 되고, 안정된 사회를 이룩할 수 있다.

사람이 학문을 하는 것은 선천적 본성이 착해서가 아니라, 후천적이고 인위적인 노력에 의한 것이다. 예의범절이라는 것도 높은 도덕성을 지닌 성인(聖人)이 만들어 낸 것으로, 학문을 통해 얻어진 결과이다. 만일 사람의 본성이 착하다고 하면 예의가 필요할 일이 없을 것이다. 사람의 본성이 악하다 보니 그 본성을 뜯어고치기 위해 군주는 권력으로 백성들에게 예의를 지키도록 명령하고, 법률로써 나라를 안정시키는 것이다.

① 〈보기〉는 맹자와 달리 사람의 본성은 선하다고 보았다.
② 〈보기〉는 맹자와 달리 사람에게는 '예의'가 필요하지 않다고 보았다.
③ 맹자는 〈보기〉와 달리 사람에게는 제도와 법률이 필요하지 않다고 보았다.
④ 맹자는 〈보기〉와 달리 사람은 다른 사람의 불행을 안타깝게 여기는 마음을 갖고 있다고 보았다.
⑤ 〈보기〉와 맹자는 모두 사람을 타고난 모습 그대로 두어도 된다고 보았다.

지문 구조&정답 및 해설 078쪽

*기존: 이미 존재함.
*접목해: 둘 이상의 다른 현상 따위를 알맞게 조화하게 하여.
*부합: 사물이나 현상이 서로 꼭 들어맞음.
*숙지: 익숙하게 또는 충분히 앎.
*범주: 동일한 성질을 가진 부류나 범위.
*몰입: 깊이 파고들거나 빠짐.
*상통: 서로 어떠한 일에 공통되는 부분이 있음.

영화에 ㉠쓰이는 음악은 아주 다양하다. 영상에 어울리는 기존의 곡을 사용하기도 하고 영상의 이미지와 완전히 일치할 수 있는 창작곡을 만들기도 한다. 기존 곡을 사용할 경우 관객들이 이미 알고 있는 곡을 영상과 접목해 좀 더 친숙한 느낌을 줄 수 있다. 창작곡을 사용할 경우 영상의 줄거리를 충실히 반영할 수도 있고 영상에 앞서 관객에게 내용을 미리 알려 줄 수도 있다.

영화 음악에서 가장 핵심 요소는 바로 음악이 영상을 도와줘야 한다는 것이다. 영화 음악은 영상 밑에 흐르면서 영화의 전반적인 흐름을 함께 따라가야 한다. 영상의 스토리에 부합하는 음악 아이디어를 내고 영상의 전개에 따라 수시로 변하는 음악을 좋은 영화 음악이라고 말한다. 영화 음악 감독들은 음악을 만들기 전에 이러한 개념을 충분히 숙지해야 한다.

영화관에 앉아 있는 관객들은 자신들의 시각 요소와 청각 요소가 모두 만족되었을 때 비로소 좋은 영화였다고 이야기한다. 영화의 내용과 음악이 함께 기억난다면 아주 잘 만들어진 영화이겠지만 음악이 너무 좋아서 영화 내용이 잘 기억나지 않거나, 음악은 너무 좋았는데 영상의 특정 장면들이 별로 생각나지 않거나 하는 일은 영화 전체를 위해서는 별로 좋은 일이 아니다. 이런 영화 음악은 좋은 평가를 받기는 힘들다. 왜냐하면 영화 음악은 영화라는 미디어 안에 포함되어 있는 범주로서의 역할을 충실히 해야 하기 때문이다.

가장 좋은 영화 음악은 무엇일까? 음악과 영상이 함께 좋은 기억으로 남을 때, 영화의 한 장면을 생각하면 음악도 함께 연상될 때, 영화 속 음악이 생각날 경우 그 영상도 함께 떠오를 때 우리는 좋은 영화 음악이라고 말한다.

그렇다면 영화 음악이 지켜야 할 규칙에는 어떤 것이 있을까? 첫째는 음악이 영화를 철저하게 도와주어야 한다는 것이다. 둘째는 '불가청성의 원리', 즉 영화 안에서 음악은 들리되 들리지 않아야 한다는 것이다. 모순처럼 느껴지지만 이것은 영화 음악가가 알아야 할 매우 중요한 사실을 담고 있다.

영화를 볼 때 우리는 효과음과 음악, 영상을 따로 의식하며 보지 않고 종합적으로 감상하게 되는데, 때로는 음악이 흐르는 영상을 보면서 음악은 인지하지 않는 경우가 있다. 음악은 실제로 들리고 있지만 우리는 그것을 심리적으로 인식하고 있기 때문이다. 음악이 영상을 방해하지 않을 때 관객은 영화 안으로 몰입할 수 있다. 할리우드의 영화 음악 감독들은 영화 안에서 음악은 드러나지 않아야 한다고 말한다. 이것이 불가청성의 원리와 상통한다.

지문 정보 확인

1. 영화 음악은 창작곡보다는 기존 곡을 활용하는 것이 더 효과적이다. (　)

2. 좋은 영화 음악이란 영화를 벗어나 독립적인 예술 작품이 될 수 있는 것을 말한다. (　)

3. 영화 음악이 영상을 방해하지 않아야 관객이 영화에 몰입할 수 있다. (　)

1 윗글을 통해 확인할 수 <u>없는</u> 것은?

① 좋은 영화 음악의 요건
② 영화가 미디어로서 갖는 특징
③ 관객이 영화에 몰입할 수 있는 요건
④ 영화 음악에서 불가청성 원리의 개념
⑤ 영화 음악으로 창작곡을 사용했을 때의 좋은 점

2 윗글의 글쓴이가 〈보기〉의 '작곡가'에게 해 줄 수 있는 말로 가장 적절한 것은?

보기

　　일본의 한 작곡가는 영화 음악을 작업하면서 아주 힘든 경험을 했다고 한다. 그는 한 인터뷰에서 본인이 작곡한 음악이 영상보다 너무 좋아서 튄다는 말을 영화 감독에게서 들었다고 말했다. 워낙 음악이 좋았기 때문에 음악은 대성공을 거두었고 많은 사람이 그 음악의 멜로디를 기억하고 있었다. 그러나 어떤 장면에서 그 음악이 나왔는지 기억하는 사람은 드물었다.

① 영화 안에서 음악은 관객들에게 영향을 미치지 않아야 한다.
② 좋은 영화 음악은 영화라는 미디어 안에 포함되지 않는 것이다.
③ 영화 음악은 새로운 형식을 시도하며 자유롭게 창작되어야 한다.
④ 아름다운 영화 음악은 그 자체만으로도 충분히 가치 있는 것이다.
⑤ 영화 음악이 영상을 도와주지 않으면 좋은 영화 음악이라고 볼 수 없다.

3 밑줄 친 단어의 의미가 ㉠과 가장 유사한 것은?

① 요즘엔 농사에 기계가 많이 <u>쓰인다</u>.
② 모자가 작아서 머리에 잘 <u>쓰이지</u> 않는다.
③ 선생님은 학생들에게 숙제로 일기를 <u>쓰였다</u>.
④ 칠판에 <u>쓰인</u> 글씨가 너무 작아서 잘 보이지 않는다.
⑤ 그는 곡이 잘 안 <u>쓰이면</u> 무작정 길을 떠나 영감을 얻어야만 돌아온다.

어휘 확인 

[1~5] 어휘의 뜻풀이와 어휘 ㉠~㉤을 바르게 연결하시오.
[6~10] 예문의 (　　) 안에 들어갈 어휘 ㉠~㉤을 바르게 연결하시오.

뜻풀이	어휘	예문

1 사물을 분별하고 판단하여 앎.

2 사물이나 현상이 서로 꼭 들어맞다.

3 동일한 성질을 가진 부류나 범위.

4 어떤 일이나 부문에 대하여 그것과 관계되는 전체에 걸친 것.

5 겸손하여 받지 아니하거나 응하지 아니함. 또는 남에게 양보함.

㉠ 범주
㉡ 사양
㉢ 인식
㉣ 부합하다
㉤ 전반적

6 (　　　) 말고 많이 드세요.

7 (　　　)이/가 바뀌어야 선진 한국을 이룩할 수 있다.

8 공동의 이익에 (　　　).

9 (　　　)인 경향이 작년 수준보다 나아졌다.

10 같은 (　　　)에 속하다.

[11~15] 보기 의 글자들을 조합하여 다음 뜻풀이에 해당하는 단어를 만드시오.

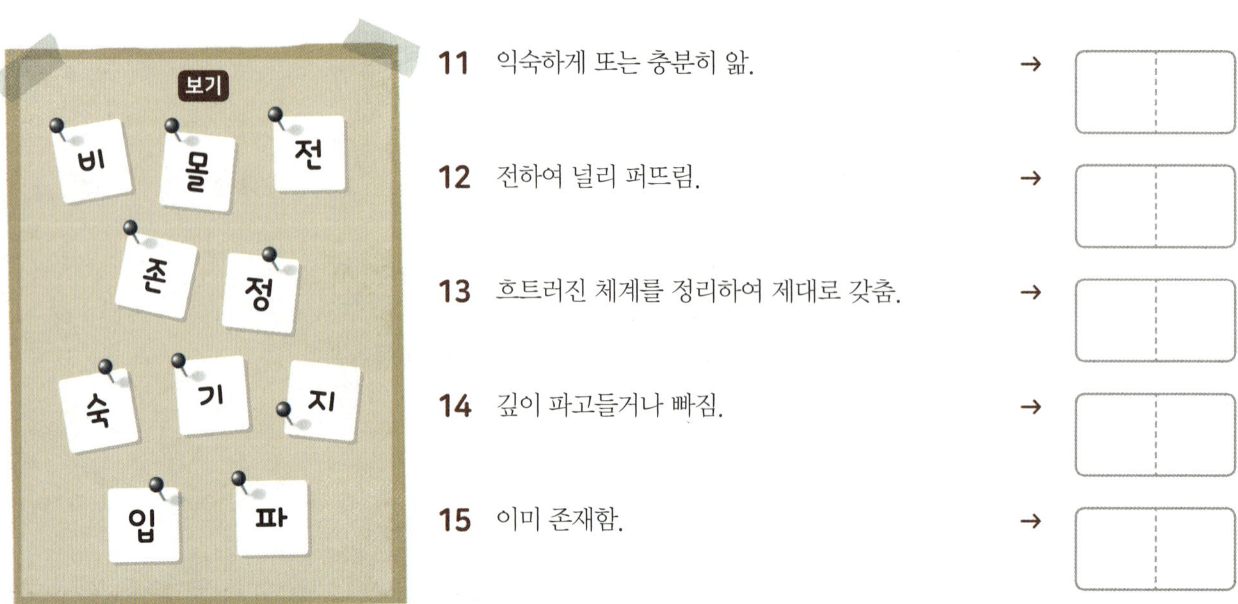

11 익숙하게 또는 충분히 앎. →

12 전하여 널리 퍼뜨림. →

13 흐트러진 체계를 정리하여 제대로 갖춤. →

14 깊이 파고들거나 빠짐. →

15 이미 존재함. →

어휘 특강

먹다¹ 동사 ◄—— 동음이의어 ——► **먹다²** 동사

먹다

• 귀나 코가 막혀서 제 기능을 하지 못하게 되다. 또는 그렇게 되게 하다.
  예 감기에 걸려서 자꾸 코 <u>먹은</u> 소리가 난다.

❶ 음식 따위를 입을 통하여 배 속에 들여보내다.
  예 밥을 규칙적으로 <u>먹는</u> 것이 건강에 좋다.

❷ 연기나 가스 따위를 들이마시다.
  예 연탄가스를 <u>먹어서</u> 머리가 어지럽다.

❸ 어떤 마음이나 감정을 품다.
  예 한번 <u>먹은</u> 마음이 변하지 않도록 노력할 것이다.

다의어

동일한 화제의 관점 차이파악하기

독해 방법 Q&A

" 선생님, 화제가 같아도 글의 내용이 다를 수 있나요? "

이야기의 재료나 소재가 되는 것을 화제라고 한단다. 그런데 화제가 같더라도 글쓴이가 글을 쓰는 목적이 무엇이냐에 따라 글의 내용은 완전히 달라질 수 있지. 글을 쓰는 목적은 일반적으로 정보 전달과 설득, 정서 표현, 친교 등으로 나눌 수 있어. 이 목적이 무엇이냐에 따라 화제가 같아도 전혀 다른 내용이 담길 수 있단다. 또한 설득을 목적으로 하는 글이라도 글쓴이의 주장이 무엇이냐에 따라 또 다른 내용이 담길 수도 있지. 따라서 글을 읽을 때는 글의 목적이 무엇인지, 그리고 글쓴이가 화제에 대해 하고 싶은 말이 무엇인지를 파악하기 위해 노력해야 한단다.

글을 쓰는 목적(정보 전달, 설득, 정서 표현, 친교 등)에 따라
+
글쓴이가 화제에 대해 하고 싶은 말이 무엇인지에 따라
↓
화제가 같더라도 글의 내용이 달라짐

학습 점검표

STUDY 19 의 지문과 문제를 잘 학습했는지 체크한 후, 부족한 부분이 있다면 앞으로 돌아가서 다시 살펴보자~!

지문/문제		나의 체크			보완할 부분
맹자의 사상		○ 1회독 ○ 2회독 이상	○ 내용 ○ 지문 구조 ○ 어휘		
	1	○ 맞힘 ○ 틀림	○ 내용 ○ 개념&유형 ○ 어휘		
	2	○ 맞힘 ○ 틀림	○ 내용 ○ 개념&유형 ○ 어휘		
좋은 영화 음악이란 무엇인가		○ 1회독 ○ 2회독 이상	○ 내용 ○ 지문 구조 ○ 어휘		
	1	○ 맞힘 ○ 틀림	○ 내용 ○ 개념&유형 ○ 어휘		
	2	○ 맞힘 ○ 틀림	○ 내용 ○ 개념&유형 ○ 어휘		
	3	○ 맞힘 ○ 틀림	○ 내용 ○ 개념&유형 ○ 어휘		

불평등을 허용하여 평등을 개선하는 차등 원칙

📖 지문 구조 & 정답 및 해설 080쪽

비판적·문제 해결적 읽기

* **차등**: 고르거나 가지런하지 않고 차별이 있음.
* **혁명**: 어떤 상태 따위에 급격한 변혁이 일어나는 일.
* **적정**: 알맞고 올바른 정도.
* **발상**: 어떤 생각을 해냄. 또는 그 생각.
* **구체화**: 계획 따위를 실제로 이루어지게 만드는 것.
* **수혜자**: 혜택을 받는 사람.
* **재화**: 인간이 바라는 바를 충족시켜 주는 모든 물건.
* **입각**: 어떤 사실이나 주장에 근거를 두어 그 입장에 섬.
* **착취**: 자본가가 근로자가 제공한 노동의 가치만큼 보수를 지급하지 않음.

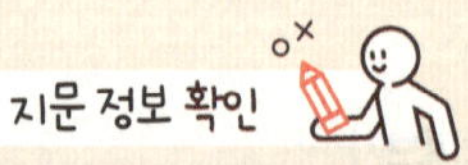

지문 정보 확인

1. 사회적 자원의 분배는 사회 구성원들 사이에 갈등의 주요 원인이 된다. 　　　　　(　　)

2. 차등 원칙은 불평등 분배의 최소 몫이 평등 분배의 몫보다 큰 것을 허용하지 않는다. 　　(　　)

3. 차등 원칙의 핵심은 최소 수혜자에게 최대의 이익이 돌아가게 하는 것이다. 　　　　(　　)

　　롤스의 '차등 원칙'은 현대 자유주의 이론에서 가장 혁명적인 개념으로 여겨진다. 차등 원칙은 사회적 불평등이 사회의 모든 구성원에게 이로운 결과를 줄 때는 허용되어도 좋다는 주장이다. 차등 원칙의 핵심은 사회적 자원의 분배에 있다. 사회적 자원의 분배는 항상 구성원들 사이에 갈등의 근원이 되는 것으로, 생산하는 데 많은 노력을 기울인 사람들이 몫을 덜 받고 노력을 거의 하지 않은 사람들이 몫을 더 받는다면, 이런 분배 방식에 구성원들은 불만을 품게 될 것이다. 그러므로 차등 원칙은 기본적으로 사회 구성원들이 얼마나 적정한 수입을 얻고 있는지, 얼마나 많은 부를 가지고 있는지에 그 첫 번째 관심을 기울인다.

　　롤스는 사회적 자원의 분배가 기본적으로 평등해야 한다고 본다. 그러나 불평등 분배의 최소 몫이 평등 분배의 몫보다 크다면, 불평등을 허용할 수 있다고 본다. 예를 들어 철수, 영희, 현우의 평등 분배 몫이 3이라고 할 때, 불평등 분배의 경우 철수가 6, 영희가 5, 현우가 4라는 몫을 갖는다면 이런 불평등은 허용되어도 좋다는 것이다. 이런 불평등 분배의 발상이 사회적인 운영 원리로 구체화되어 나타난 것이 바로 차등 원칙이다. 다시 말해 사회에서 자원의 분배를 가장 적게 받고 있는 최소 수혜자에게 최대 이익이 되도록 재화를 분배한다면 이런 불평등은 허용되어도 좋다는 생각에서 출발한 것이 차등 원칙이다.

　　차등 원칙은 언제나 사회적 자원의 분배 문제에만 적용된다. 왜냐하면 개인의 권리, 예를 들어 투표권이나 법 앞에서의 평등과 같은 정치적·법적 권리들은 불평등하게 분배될 수 없기 때문이다. 롤스는 이런 불평등은 어떤 이유로도 허용되어서는 안 된다고 본다.

　　차등 원칙에 입각한 대표적인 정책으로 ㉠최저 임금제가 있다. 최저 임금제란 시간당 최소한의 노동 임금을 정해 놓고 이 임금을 근로자에게 지불하도록 법적으로 강제하는 제도이다. 이는 최소 수혜자에게 최소한의 삶의 질을 보장해 주는 방법으로 임금 생활자의 소득을 증가시키며, 수준 이하의 노동 조건이나 빈곤을 없애고, 임금 생활자의 노동력 착취를 방지하며, 소득 재분배를 실현하는 데 기대 효과가 있다.

　　사회적 불평등이 최소 수혜자의 이익을 보장하는 것일 때만 허용될 수 있다는 차등 원칙의 의의는 바로 불평등을 허용하여 평등을 개선하는 데 있다. 즉 소득의 분배에 있어 가난한 자에게 더 많은 이익이 돌아가야만 사회가 더 정의롭고 평등해질 수 있다는 것이다.

1 '차등 원칙'에 대한 이해로 적절하지 <u>않은</u> 것은?

① 개인의 권리인 투표권에는 적용될 수 없다.
② 사회적 자원의 분배가 핵심 원리로 작용한다.
③ 사회 구성원들의 수입과 부를 가장 중요하게 다룬다.
④ 사회 모든 구성원에게 이익이 된다면 불평등을 허용할 수 있다고 본다.
⑤ 불평등 분배와 평등 분배의 결과가 같은 것이 바람직하다는 발상에서 출발한다.

2 ㉠이 '차등 원칙'을 대표하는 정책이 될 수 있는 이유로 가장 적절한 것은?

① 정부가 주도하는 사회적 자원의 분배이기 때문이다.
② 노동자들의 최소한의 삶의 질을 보장해 주기 때문이다.
③ 사회에서 많은 부를 가진 사람들의 이익을 개선해 주기 때문이다.
④ 법 앞에서의 평등과 같이 모든 사람에게 적용되는 법적 권리이기 때문이다.
⑤ 사회에서 가장 적게 임금을 받고 있는 최소 수혜자의 몫을 개선할 수 있기 때문이다.

3 〈보기〉의 사례와 윗글의 '차등 원칙'에서 공통적으로 추론할 수 있는 내용으로 가장 적절한 것은?

> **보기**
>
> 대학수학능력시험에서 시각 장애가 있는 수험생에게는 일반 수험생 시험 시간의 1.7배에 해당하는 시험 시간을 부여한다.

① 선천적인 차이는 고려되어야 한다.
② 사회적 약자를 차별해서는 안 된다.
③ 모든 사람은 태어날 때부터 평등하다.
④ 합리적인 이유가 있는 차별은 인정된다.
⑤ 모든 사람에게 균등한 기회를 부여해야 한다.

생산적 복지, 일하는 사람을 위한 복지

지문 구조&정답 및 해설 082쪽

＊구축: 어떤 일이나 조직, 체계의 기초를 닦아 쌓거나 마련함.

＊요람: 사물의 발생지나 근원지.

＊요람에서 무덤까지: 태어나서 죽을 때까지.

＊기피: 꺼리거나 싫어하여 피함.

＊저하: 어떤 수치나 수준 따위가 낮아짐.

＊연계: 어떤 일이나 사람과 관련하여 관계를 맺음.

＊낙인: 씻기 어려운 부끄럽고 욕된 판정이나 평가.

＊장려: 좋은 일에 힘쓰도록 북돋아 줌.

＊자활: 자기 힘으로 살아감.

정부의 복지 정책이 강화되면, 그에 따라 국민의 복지 의존성이 높아지는 부작용이 발생할 수 있다. 예를 들어, 1970년대 영국 정부는 사회 안전망을 구축하여 국민의 삶을 '요람에서 무덤까지' 책임지는 정책을 폈다. 그러자 취업을 기피하고 사회 복지 급여에 의존하여 생계를 유지하려는 사람들이 생겨났다. 이처럼 지나친 사회 보장으로 인해 국민의 근로 의욕이 감퇴되고 사회 전체의 생산성과 효율성이 저하되는 현상을 복지병이라고 한다.

이에 따라 최근에는 개인의 노력과 시장 기능 및 국가 복지를 연계하는 복지 정책, 즉 사회 구성원들이 생산 활동에 직접 참여하여 근로 소득을 얻도록 유도하는 복지 정책으로 바뀌고 있다. 이를 생산적 복지 또는 근로 복지라고 한다.

한편 기존의 대표적 복지 정책으로는 선별적 복지와 보편적 복지가 있는데, 선별적 복지는 노동자와 중산층이 복지 비용을 부담하고 저소득층에게 복지 혜택을 제공하는 것을 중시한다. 저소득층에게 복지 서비스를 집중 제공하기 때문에 보편적 복지에 비해 낮은 비용으로 높은 효과를 얻을 수 있으나 서비스 대상자가 한정적이고 형평성이 낮다. 이 제도는 계층 간 차이를 극대화하고 복지 대상에 대하여 경제적으로 낙인을 찍을 수 있다는 문제가 있다.

반면에 보편적 복지는 모든 사람을 대상으로 하는 복지를 강조한다. 이는 모든 국민을 대상으로 하는 대대적인 복지 투자를 통해 국민들의 전반적인 삶의 질을 높이는 효과가 있다. 이 제도는 가능한 많은 사람에게서 많은 세금을 거두고 복지를 통한 사회적 분배를 최대한 강조하지만, 근로 의욕을 떨어뜨릴 수 있다는 비판을 받기도 한다.

생산적 복지는 이러한 선별적 복지와 보편적 복지의 장점을 취한 것으로, '일하는 사람을 위한 복지'로 불리기도 한다. 이는 사람들에게 일방적으로 복지 혜택을 주는 것이 아니라 복지의 수혜자가 자립할 수 있도록 기회를 제공하는 것으로, 경제적 효율 추구와 사회적 약자 보호를 동시에 지향한다. 개인과 국가가 적극적으로 자기 역할을 수행함으로써 기존의 국가 중심 복지 모형의 한계를 극복하려는 것이 생산적 복지 제도의 목적이다.

우리나라의 생산적 복지 정책으로는 생계 유지가 어려운 저소득 근로 가구에 대하여 근로 장려금을 지급하는 근로 장려 세제, 근로 능력이 있는 저소득층에게 근로 기회와 생계 급여를 제공하는 자활 근로 사업 등이 있다.

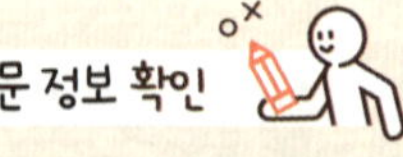

지문 정보 확인

1. 선별적 복지는 저소득층에게 복지 혜택을 집중적으로 제공한다.
(　　)

2. 보편적 복지는 선별적 복지에 비해 복지 혜택 대상자가 제한적이다.
(　　)

3. 생산적 복지는 국민의 근로 의욕을 감퇴시켜 복지병을 유발할 수 있다.
(　　)

1 윗글을 통해 해결할 수 있는 질문이 <u>아닌</u> 것은?

① 선별적 복지의 장점은 무엇인가?
② 생산적 복지의 목적은 무엇인가?
③ 생산적 복지가 나오게 된 배경은 무엇인가?
④ 국가가 실시하는 복지 정책의 종류에는 어떤 것이 있는가?
⑤ 생산적 복지에 해당하는 외국의 구체적 예로는 어떤 것이 있는가?

2 윗글을 바탕으로 〈보기〉를 이해한 것으로 적절하지 <u>않은</u> 것은?

보기

ㄱ 무상 급식 제도는 소득 수준에 상관없이 일정한 연령 기준에 속한 모든 학생에게 무상으로 급식을 제공하는 제도이다.

ㄴ 결식 아동 급식 제도는 생계가 어려운 저소득층 학생들이 학교에 가지 않는 날에도 집에서 식사를 해결할 수 있도록 지원하는 제도이다. 학생들은 편의점, 일반 식당 등에서 급식 전자 카드를 이용하여 식품을 구매할 수 있다.

ㄷ 희망 키움 통장 제도는 저소득층의 근로 의욕을 높이기 위하여 기초 생활 보장 수급자가 일자리를 가져서 최저 생계비의 70% 이상 수입이 있을 때, 정부가 일정 금액을 통장에 넣어 주는 제도이다.

① ㄱ은 많은 세금을 거두어 복지를 통한 사회적 분배를 강조하는 제도이다.
② ㄴ은 복지 대상에 대하여 경제적으로 낙인을 찍을 수 있다는 문제점이 있다.
③ ㄷ은 근로 장려 세제와 유사한 성격을 지니고 있는 복지 제도이다.
④ ㄱ과 달리 ㄴ, ㄷ은 사회적 약자 보호를 추구하는 제도이다.
⑤ ㄱ은 ㄴ에 비해 낮은 비용으로 높은 효과를 얻을 수 있는 복지 제도이다.

[1~10] 〈보기〉에서 어휘의 뜻풀이 또는 예문의 (   ) 안에 들어갈 어휘 ㉠~㉤을 찾아 쓰시오.

보기

| ㉠ 차등 | ㉡ 분배 | ㉢ 근원 | ㉣ 자활 | ㉤ 감퇴 |

뜻풀이

1 사물이 생겨나는 본바탕. [   ]

2 고르거나 가지런하지 않고 차별이 있음. [   ]

3 생산 과정에 참가한 개개인이 생산물을 사회적 법칙에 따라서 나눔. [   ]

4 어떤 욕구나 능력, 힘이 줄어서 약해짐. [   ]

5 자기 힘으로 살아감. [   ]

예문

6 갑작스러운 식욕의 (   )나 증대는 모두 건강의 적신호이다. [   ]

7 옛날에는 신분에 따라 옷차림에 (   )이/가 있었다. [   ]

8 그 나라는 부의 (   )이/가 제대로 이루어지지 않아 빈부 격차가 크다. [   ]

9 욕심은 고통의 (   )이다. [   ]

10 장애인의 (   )을/를 돕는 프로그램이 부족한 형편이다. [   ]

[11~15] 다음에서 설명하는 어휘가 무엇일지 사다리를 연결하고 주어진 낱자를 활용하여 쓰시오.

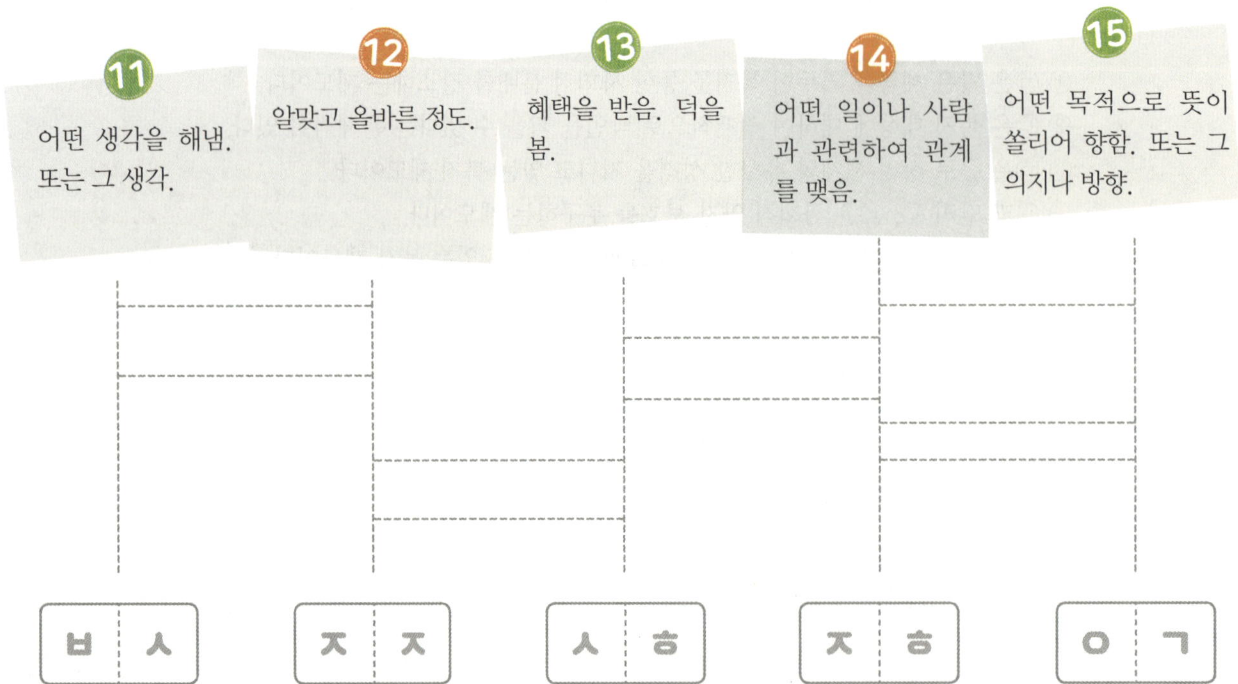

어휘 특강

막다
길, 통로 따위가 통하지 못하게 하다.
예 그는 통로를 막고 서 있었다.

비 차단하다
액체나 기체 따위의 흐름 또는 통로를 막거나 끊어서 통하지 못하게 하다.
예 햇볕을 차단하다.

비 에워싸다
둘레를 빙 둘러싸다.
예 난로를 에워싸고 둘러앉아 있던 아이들이 나에게 자리를 양보해 준다.

비 억제하다
정도나 한도를 넘어서 나아가려는 것을 억눌러 그치게 하다.
예 소비를 억제하기 위하여 고율의 소비세를 부가하였다.

반 뚫다
막힌 것을 통하게 하다.
예 굴뚝을 뚫다.

반 열다
닫히거나 잠긴 것을 트거나 벗기다.
예 문을 열다.

비 방해하다
남의 일을 간섭하고 막아 해를 끼치다.
예 공부를 방해하지 마라.

독해 방법 Q&A

비판적·문제 해결적 읽기

" 선생님, 글쓴이의 주장이나 글의 내용에 대해 적절하게 평가하고 비판하려면 무엇에 중점을 두어야 하나요? "

글쓴이가 자신의 주장을 드러낼 때는 반드시 그에 대한 근거를 제시하므로, 먼저 글쓴이의 주장이 무엇인지 파악하고 다음으로 그에 대한 근거를 찾아서 글의 타당성 여부를 판단해야 한단다. 또 글에 두 가지 이상의 관점이나 입장이 제시된 경우에는 각각의 핵심 주장과 근거를 파악하고 각각의 입장(관점)에서 상대의 입장(관점)에 대해 보일 수 있는 태도 등을 파악하도록 해야 해. 그리고 비판할 내용은 반드시 글의 내용으로부터 이끌어 낼 수 있는 것으로 한정해야 한단다.

글쓴이의 주장 파악
↓
글쓴이의 주장에 대한 근거 파악
↓
글의 타당성 여부 판단

학습 점검표

STUDY 20 의 지문과 문제를 잘 학습했는지 체크한 후, 부족한 부분이 있다면 앞으로 돌아가서 다시 살펴보자~!

지문/문제	나의 체크				보완할 부분
불평등을 허용하여 평등을 개선하는 차등 원칙	○ 1회독 ○ 2회독 이상	○ 내용	○ 지문 구조	○ 어휘	
	1	○ 맞힘 ○ 틀림	○ 내용 ○ 개념&유형	○ 어휘	
	2	○ 맞힘 ○ 틀림	○ 내용 ○ 개념&유형	○ 어휘	
	3	○ 맞힘 ○ 틀림	○ 내용 ○ 개념&유형	○ 어휘	
생산적 복지, 일하는 사람을 위한 복지	○ 1회독 ○ 2회독 이상	○ 내용	○ 지문 구조	○ 어휘	
	1	○ 맞힘 ○ 틀림	○ 내용 ○ 개념&유형	○ 어휘	
	2	○ 맞힘 ○ 틀림	○ 내용 ○ 개념&유형	○ 어휘	

글의 관점과 형식 비교하기

📖 지문 구조&정답 및 해설 **084**쪽

뜨거운 프라이팬에 떨어진 물방울이 바로 증발하지 않고 동그랗게 맺혀 통통 튀는 모습을 본 적이 있는가? 직관적*으로는 표면의 온도가 높을수록 물방울이 빠르게 증발하여 금방 사라지리라 예상되지만, 실제는 그와 다르다. 100℃ 프라이팬 위의 물방울은 몇 초 지나지 않아 완전히 증발하지만 200℃ 프라이팬 위에서는 오히려 물방울의 수명이 더 길어진다. 이러한 현상은 무엇 때문에 일어나는 것일까?

액체 방울이 고체 표면과 충돌할 때 나타나는 현상은 ㉠'라이덴프로스트 효과'의 원리로 설명할 수 있다. 100℃보다 200℃ 프라이팬 위에서 물방울의 수명이 더 길어지는 것은 충돌 직전 물방울의 일부가 살짝 증발하며 물방울과 프라이팬 사이에 형성되는 얇은 수증기* 막이 단열재* 역할을 하기 때문이다. 얇은 수증기 막으로 인해 바닥과의 마찰이 거의 없어 물방울들은 작은 힘에도 쉽게 움직이기도 한다. 다시 말해 프라이팬의 열이 수증기 막을 거쳐 물방울에 전달되기 때문에 100℃보다 200℃일 때 오히려 열을 적게 받아 천천히 증발한다. 따라서 표면 온도가 낮을 때는 뜨거워질수록 열 전달량이 증가하다가 끓는점이 지나면 감소하고 특정 온도 이상이 되면 다시 증가하는 형태가 된다.

즉 라이덴프로스트 효과란 어떤 액체가 그 액체의 끓는점보다 훨씬 더 뜨거운 부분과 접촉할 경우 액체가 끓으면서 증기*로 이루어진 단열막을 만들어 내는 현상이다. 다만, 라이덴프로스트 효과가 일어나는 온도를 예측하는 것은 쉽지 않아 실험 과정에서 위험성도 고려해야 한다. 액체 물방울의 부피가 서로 동일하더라도 라이덴프로스트 효과는 복잡한 표면 성질, 액체 내의 불순물* 등 상당히 여러 성질에 의존하므로 현상이 발생하는 지점은 서로 다를 수 있기 때문이다.

이러한 현상은 뜨겁게 달구어진 철판 위에 물에 젖은 손을 올리는 차력의 원리이기도 하다. 열이 손에 직접 전달되는 100℃의 철판이 수증기 막을 형성하는 200℃의 철판보다 더 위험할 수 있다. 영하 200℃의 액체 질소*에 손을 넣는 차력도 온도만 반대일 뿐 동일한 원리이다. 손의 온기로 인해 액체 질소 일부가 기화*하여 손 주변에 질소 막을 형성하고 그 막이 초저온으로부터 손을 보호하는 역할을 한다.

나아가 라이덴프로스트 효과는 우주와 같은 극한 환경에서도 유용하게 활용될 수 있는 가치를 지니고 있다. 우주 과학자들은 화성에서 자연적으로 발생한 드라이 아이스와 뜨거운 화성 표면이 맞닿아 생긴 고압 증기로 터빈*을 돌리는 새로운 엔진을 제안하고 있다. 미래에 우리 인류가 화성에 거주하게 된다면, 아마도 라이덴프로스트 효과 기반의 발전기로 에너지를 얻고 있을지도 모른다.

---

*증발: 어떤 물질이 액체 상태에서 기체 상태로 변하는 현상.

*직관적: 판단이나 추리 따위의 과정을 거치지 아니하고 대상을 직접적으로 파악하는 것.

*표면: 사물의 가장 바깥쪽, 또는 가장 윗부분.

*막: 물건의 표면을 덮고 있는 얇은 물질.

*단열재: 보온을 하거나 열을 차단할 목적으로 쓰는 재료.

*증기: 기체 상태로 되어 있는 물.

*불순물: 순수한 물질에 섞여 있는 순수하지 않은 물질.

*질소: 공기의 약 5분의 4를 차지하는 무색·무미·무취의 기체. 질소 분자를 이루는 원소.

*기화: 액체가 기체로 변하는 현상.

*터빈: 높은 압력의 유체를 날개바퀴의 날개에 부딪치게 함으로써 회전하는 힘을 얻는 원동기.

지문 정보 확인

1. 프라이팬의 온도가 100℃일 때보다 200℃일 때 물방울의 수명이 더 길어진다. ( )

2. 라이덴프로스트 효과는 뜨거운 온도에서만 일어나는 현상이다. ( )

3. 라이덴프로스트 현상은 우주와 같은 극한 환경에서도 활용될 수 있다. ( )

1 ㉠과 관련하여 윗글을 이해한 내용으로 적절하지 <u>않은</u> 것은?

① 영하 200℃의 액체 질소에 손을 넣는 차력에서도 라이덴프로스트 효과의 원리를 발견할 수 있다.
② 프라이팬의 표면 온도가 물방울의 끓는점을 지나 특정 온도 이상이 되면 열 전달량이 다시 증가한다.
③ 물방울과 프라이팬 표면 사이에 수증기 막이 형성되면 물방울은 바닥과의 마찰이 거의 없어 쉽게 움직인다.
④ 물방울과 프라이팬 표면 사이의 수증기 막은 액체가 끓는점보다 더 뜨거운 부분과 접촉할 경우 형성된다.
⑤ 물방울의 수명이 프라이팬 표면 위에서 더 길어지게 하기 위해서는 물방울을 떨어뜨리는 속도도 고려해야 한다.

글의
관점과 형식
비교하기

2 윗글을 바탕으로 할 때, 〈보기〉의 실험에 대한 반응으로 가장 적절한 것은?

> **보기**
>
> 뉴욕 버팔로 대학교에서는 용암과 물이 만났을 때 발생하는 물리적인 과정에 대해 라이덴프로스트 효과를 이용하여 연구하였다. 일반적으로 용암에 물이 닿으면 격렬한 폭발 현상이 일어난다. 그러나 어떤 경우의 화산 활동에서는 용암과 물이 만나더라도 화산 폭발이 일어나지 않고 조용히 넘어가는 현상이 나타난다. 연구진들은 실험 결과 용암이 들어 있는 통의 길이가 낮을수록, 물이 느린 속도로 용암과 접촉할수록 증기로 이루어진 단열막이 유지되는 것을 발견하였다. 단열막이 유지된 상태에서 물방울이 용암의 표면에 닿아 폭발로 이어지지 않는 것이었다. 이러한 실험 결과를 통해 화산 근처에 사는 사람들의 피해를 예측하고 대비하는 데 도움이 될 것이라고 판단하였다.

① 용암이 폭발로 이어지지 않도록 하기 위해서는 빠른 속도로 물과 접촉시켜야겠군.
② 라이덴프로스트 효과가 일어나는 지점은 다양한 변수의 작용으로 쉽게 예측하기 어렵겠군.
③ 라이덴프로스트 효과가 일어나는 온도는 규칙적이기 때문에 안전하게 실험을 수행할 수 있겠군.
④ 라이덴프로스트 효과는 지상에서만 실험의 적용이 가능하므로 우주 대기권에서는 연구가 어렵겠군.
⑤ 단열막이 오랫동안 유지되기 위해서는 용암과 접촉하는 물의 온도가 최대한 낮은 상태이어야 하겠군.

DNA를 USB처럼 메모리로 쓸 수 있다고?

지문 구조&정답 및 해설 **086**쪽

하버드 대학교의 유전학자 조지 처치는 2012년 자신의 책을 우리가 보통 생각하는 인쇄가 아닌 완전히 다른 방식으로 인쇄했다. 디지털 양식으로 암호화하여 미생물의 DNA에 저장한 것이다. 도대체 어떻게 책을 DNA에 저장했다는 것일까?

저장의 원리는 다음과 같다. 우선 책을 디지털 형태로 변환*한다. 53,400개의 단어와 11장의 사진으로 이루어진 책을 디지털로 변환하면 용량이 5MB에 불과하다. 그다음 디지털의 표현 형식인 0과 1을 DNA의 염기*와 상응시킨다. DNA는 아데닌(A), 티민(T), 구아닌(G), 사이토신(C) 이렇게 4개의 염기를 가지고 있다. 처치 연구단은 0은 DNA의 염기 A 또는 C로, 1은 G 또는 T로 바꾸어 디지털 정보를 저장했다. 그들은 DNA 형태로 저장된 책을 70억 번이나 찍어 냈는데, 이 일은 [㉠   ]나 다름없었다. 자기 복제*는 DNA가 가장 잘하는 일이기 때문이다.

IT 기업들은 이를 흥미롭게 지켜보며 DNA 메모리에 주목하기 시작했다. 거기에는 충분한 이유가 있었다. 데이터가 폭증하는 시대에 정보 저장의 한계를 극복할 수 있는 기술이 필요했기 때문이다. 일례로 매일매일 새롭게 올라오는 유튜브의 동영상과 인스타그램의 사진은 반드시 어딘가에 저장되어야 한다. 그런데 눈덩이 불어나듯 나날이 늘어나는 정보를 저장하기에 현재의 메모리는 턱없이 부족하다. 이에 과학자들은 DNA로 눈을 돌릴 수밖에 없었다. DNA는 적은 양으로도 많은 정보를 저장할 수 있기 때문이다. 마이크로소프트사도 현재 인터넷상의 공공* 데이터를 저장하는 데 고작 신발 상자 정도의 DNA라면 충분하다고 내다보았다.

또한 DNA는 쉽게 변하지도 않는다. 춥고 건조한 환경이라면 수만 년도 끄떡없이 버틴다. 유전학자들은 심지어 43만여 년 전에 살았던 원시인의 뼈에서 DNA를 추출*해 유전 정보를 읽어 내기까지 하였다. 데이터 관리를 위한 전력 소모*도 없기 때문에 냉장 보관한다면 수천 년 동안 원형 보존이 불가능한 것도 아니다.

마지막으로 DNA 메모리가 주목받는 이유는 살아 있는 생명의 정보 저장 시스템이기 때문이다. 지난 40여 년 동안 우리는 카세트테이프, 플로피디스크, CD, DVD와 같은 저장 매체가 반짝 주목받다 사라지는 것을 지켜보았다. 기술은 거듭 발전하고 오래된 저장 매체에 저장된 정보는 다시 꺼내 보기 힘들어졌다. 하지만 DNA는 다르다. 지구에 지적 생명체가 존재하는 한 DNA에 대한 관심이 사라질 일은 없을 것이다.

지문 정보 확인

1. 조지 처치의 책은 글자 텍스트를 그대로 유지한 상태로 DNA에 저장되었다. (   )

2. 책을 디지털로 변환하면 용량이 MB 단위로 줄어든다. (   )

3. 많은 기업이 DNA 메모리의 한계를 인식하고 있다. (   )

1 윗글의 내용과 일치하지 <u>않는</u> 것은?

① 책은 디지털 양식으로 암호화되어 DNA에 저장될 수 있다.
② 디지털 부호 0과 1은 4개의 DNA 염기로 자유롭게 변환될 수 있다.
③ DNA 메모리는 인터넷상의 폭증하는 데이터를 저장할 수 있는 수단이다.
④ DNA 메모리는 데이터 관리를 위한 전력이 소모되지 않아 효율적인 장치이다.
⑤ DNA 메모리는 살아 있는 생명의 정보 저장 시스템이라서 오랫동안 연구될 가능성이 높다.

2 윗글과 〈보기〉를 비교한 내용으로 적절하지 <u>않은</u> 것은?

> 보기
>
> 현재 우리가 생성한 정보의 양은 가늠하기 어려울 정도로 포화된 상태이다. 이러한 상황에서 인간이 발견한 최고의 데이터 저장 물질은 DNA로, 1DNA당 455EB(1EB＝약 10억 GB)를 저장할 수 있다고 한다. 처치 연구단은 사진을 디지털 형태의 정보인 0, 1로 변환하여 픽셀 정보를 염기 서열로 바꾸었으며 성공적으로 DNA 형태로 저장할 수 있었다. 하지만 DNA 생성 속도는 초당 400B로, 200MB에 해당하는 DNA 메모리를 만들기 위해서는 많은 비용이 필요하며 저장된 정보를 다시 복원하는 성공률은 아직 90%에 머물러 있다고 한다.

① 윗글과 〈보기〉 모두 우리가 데이터가 넘쳐나는 시대에 살고 있음을 인정하고 있어.
② 윗글과 달리 〈보기〉에서는 1DNA당 저장할 수 있는 정보의 양을 구체적으로 제시하고 있어.
③ 〈보기〉와 달리 윗글에서는 DNA 메모리가 갖는 한계점을 지적하고 해결 방안도 함께 제시하고 있어.
④ 〈보기〉와 달리 윗글에서는 DNA 메모리가 왜 가치가 있는지 다양한 근거들을 나열하여 제시하고 있어.
⑤ 윗글과 〈보기〉를 통해 각종 매체들이 DNA로 저장되기 위해서는 모두 디지털 표현 형태로 변환되어야 함을 알 수 있어.

3 ㉠에 들어갈 관용어로 가장 적절한 것은?

① 누워서 떡 먹기
② 가뭄에 콩 나기
③ 하늘의 별 따기
④ 울며 겨자 먹기
⑤ 손발이 척척 맞기

[1~10] 보기 에서 어휘의 뜻풀이 또는 예문의 (　) 안에 들어갈 어휘 ㉠~㉢을 찾아 쓰시오.

보기

㉠ 불순물　　　㉡ 증발　　　㉢ 공공
㉣ 직관적　　　㉤ 복제

1 판단이나 추리 따위의 과정을 거치지 아니하고 대상을 직접적으로 파악하는 것. [　]

2 어떤 물질이 액체 상태에서 기체 상태로 변함. 또는 그런 현상. [　]

3 순수한 물질에 섞여 있는 순수하지 않은 물질. [　]

4 본디의 것과 똑같은 것을 만듦. 또는 그렇게 만든 것. [　]

5 국가나 사회의 구성원에게 두루 관계되는 것. [　]

6 물방울에 열을 가하자 빠르게 (　)하였다. [　]

7 (　) 인식은 빠른 시간에 정확한 판단을 이끌어 내기도 한다. [　]

8 물에 섞여 있는 (　)을/를 제거하다. [　]

9 (　) 도서관에 가서 책을 빌리기로 했다. [　]

10 불법 (　)은/는 차단해야 한다. [　]

[11~15] 다음에서 설명하는 어휘가 무엇일지 주어진 낱자를 활용하여 쓰시오.

11 사물의 가장 바깥쪽. 또는 가장 윗부분.

12 전체 속에서 어떤 물건, 생각, 요소 따위를 뽑아냄.

13 공기의 약 5분의 4를 차지하는 무색·무미·무취의 기체 질소 분자를 이루는 원소.

14 달라져서 바뀜. 또는 그렇게 바꿈.

15 DNA의 구성 성분인 질소를 함유하는 고리 모양의 유기 화합물.

어휘 특강

● 한자를 활용한 낱말들 ●

談 말씀 담

- 진담(眞談): 진심에서 우러나온, 거짓이 없는 참된 말.
- 담소(談笑): 웃고 즐기면서 이야기함. 또는 그런 이야기.
- 여행담(旅行談): 여행하는 중에 보고 듣고 느낀 일에 대한 이야기.

要 요긴할 요

- 요점(要點): 가장 중요하고 중심이 되는 사실이나 관점.
- 요인(要因): 사물이나 사건이 성립되는 까닭. 또는 조건이 되는 요소.
- 요건(要件): ① 긴요한 일이나 안건. ② 필요한 조건.

글의 관점과 형식 비교하기

독해 방법 Q&A

> **선생님, 글쓴이의 관점을 비교하면서 글을 읽을 때는 어떤 점을 주목해야 하나요?**

글쓴이의 관점을 다른 관점과 비교해 보기 위해서는 우선 핵심 대상에 대한 글쓴이의 관점을 파악하는 것이 중요하단다. 그리고 다른 관점과 비교하며 적절성을 판단해 보는 거지. 특정 관점이나 이론에 대해 설명하는 글을 읽을 때는 글에 제시된 관점이나 이론이 글쓴이와 대립되는 입장인지 지지하는 입장인지 등 공통점과 차이점을 비교해 보며 읽는 것이 필요해. 〈보기〉의 관점이나 태도 등을 파악한 후 이를 지문의 내용과 비교해 보고 그 적절성을 평가해 보는 것이 이러한 과정 중의 하나란다.

핵심 대상에 대한 글쓴이의 관점 파악

↓

두 글의 입장 비교 (공통점, 차이점)

↓

적절성 평가

학습 점검표

STUDY 21 의 지문과 문제를 잘 학습했는지 체크한 후, 부족한 부분이 있다면 앞으로 돌아가서 다시 살펴보자~!

지문/문제		나의 체크			보완할 부분
라이덴프로스트 효과		○ 1회독 ○ 2회독 이상	○ 내용 ○ 지문 구조	○ 어휘	
	1	○ 맞힘 ○ 틀림	○ 내용 ○ 개념&유형	○ 어휘	
	2	○ 맞힘 ○ 틀림	○ 내용 ○ 개념&유형	○ 어휘	
DNA를 USB처럼 메모리로 쓸 수 있다고?		○ 1회독 ○ 2회독 이상	○ 내용 ○ 지문 구조	○ 어휘	
	1	○ 맞힘 ○ 틀림	○ 내용 ○ 개념&유형	○ 어휘	
	2	○ 맞힘 ○ 틀림	○ 내용 ○ 개념&유형	○ 어휘	
	3	○ 맞힘 ○ 틀림	○ 내용 ○ 개념&유형	○ 어휘	

2권 차례 21 STUDY

3권 차례 21 STUDY

memo

memo

memo

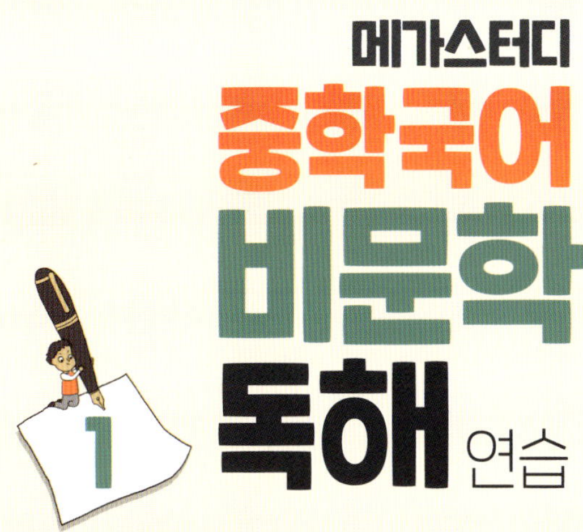

메가스터디
중학국어
비문학
독해 연습
1

메가스터디

중학국어

비문학

독해 연습

지문 구조
& 정답 및 해설

1